Guider mon enfant
dans sa vie scolaire

Du même auteur dans la même collection

L'estime de soi, un passeport pour la vie

L'estime de soi des adolescents (en collaboration avec Danielle Laporte et Jacques Ross)

Responsabiliser son enfant (en collaboration avec Martin Duclos)

La Collection du CHU Sainte-Justine

pour les parents

Guider mon enfant dans sa vie scolaire

Deuxième édition

Germain Duclos

Éditions du CHU Sainte-Justine

Centre hospitalier universitaire mère-enfant

Catalogage avant publication de Bibliothèque et Archives Canada

Duclos, Germain

   Guider mon enfant dans sa vie scolaire
   2ᵉ éd. rev. et augm.
   (La collection du CHU Sainte-Justine pour les parents)
   Comprend des réf. bibliogr.
   ISBN 2-89619-062-7

   1. Éducation - Participation des parents. 2. Apprentissage. 3. Stratégies d'apprentissage. 4. Famille et école. I. Titre. II. Collection: Collection de l'Hôpital Sainte-Justine pour les parents.

LB1048.5.D82 2006   371.19'2   C2006-941208-1

Illustration de la couverture : Stéphane Jorisch

Infographie : Nicole Tétreault

Diffusion-Distribution au Québec : Prologue inc.
                 en France : CEDIF (diffusion) – Casteilla (distribution)
                 en Belgique et au Luxembourg : S.A. Vander
                 en Suisse : Servidis S.A.

Éditions du CHU Sainte-Justine
3175, chemin de la Côte-Sainte-Catherine
Montréal (Québec) H3T 1C5
Téléphone : (514) 345-4671
Télécopieur : (514) 345-4631
www.chu-sainte-justine.org/editions

© Éditions du CHU Sainte-Justine 2001, 2006
   Tous droits réservés
   ISBN (10) : 2-89619-062-7
   ISBN (13) : 978-289619-062-7

Dépôt légal : Bibliothèque et Archives nationales du Québec, 2006
             Bibliothèque et Archives Canada, 2006

REMERCIEMENTS
▼

Je dédie ce livre à mon frère Ronald qui, à l'instar de mon père, a su développer avec les enfants des liens d'amour et une belle complicité.

De plus, je tiens à remercier les personnes suivantes qui m'ont aidé dans la réalisation de ce livre :

Luc Bégin et Marise Labrecque pour leurs encouragements et leur professionnalisme ;

Sylvie Bourcier, ma compagne de vie, qui partage avec moi un engagement face aux enfants ;

Marguerite Béchard, pour sa disponibilité, son engagement ;

Claire Chabot et Sylvie Payette, pour leur amour inconditionnel des enfants.

TABLE DES MATIÈRES

▼

AVANT-PROPOS

▼

Les enfants sont pour les parents une source continuelle d'émerveillement et de bonheur, tout en étant le mobile de multiples préoccupations. Avant de concevoir un bébé, un couple n'a pas à suivre de formation spécifique. Les enfants ont leur école, pas leurs parents. Ceux-ci apprennent au fur et à mesure, surtout avec leur premier enfant, à faire face aux responsabilités qui leur échoient. Pour guider leurs interventions, ils n'ont que leur propre passé, leurs valeurs et leurs habitudes de vie, et ils bénéficient parfois de conseils de la parenté ou d'amis. Ils peuvent également s'inspirer de livres qui traitent du développement des enfants. Toutefois, ce qui rend les parents vraiment à l'aise dans leur nouveau rôle, c'est d'arriver à intégrer de façon harmonieuse leurs connaissances, leurs intuitions et leur personnalité. Or, les besoins des enfants changent continuellement, les parents eux-mêmes évoluent au fil du temps, et le défi qui consiste à guider les enfants dans leur développement génère souvent de l'incertitude et des inquiétudes, particulièrement lorsque l'enfant commence à fréquenter l'école.

Depuis plus de trente ans, je travaille avec des enfants qui vivent des difficultés d'adaptation et d'apprentissage, et j'ai eu l'occasion de rencontrer des milliers de parents qui manifestaient de vives inquiétudes par rapport à l'avenir de leur progéniture. J'ai toujours essayé, du mieux que je le pouvais, de les rassurer, de les soutenir et de les encourager à adopter des attitudes constructives et à trouver des moyens pour répondre le mieux possible aux besoins de leurs enfants. Aussi, depuis de nombreuses années, je reçois des parents en consultation et je donne une cinquantaine de conférences par année à des groupes de parents pour leur parler de divers aspects de l'éducation scolaire.

Dans le cadre de ces consultations et à l'occasion de ces conférences, les mêmes questions reviennent souvent. Elles reflètent les inquiétudes de la plupart des parents par rapport à la vie scolaire de leurs enfants. Parmi ces questions, j'en ai choisi seize auxquelles je réponds ici pour en faire profiter le public le plus large possible. Dans mes réponses, j'ai tenté de faire une synthèse de mon expérience et de mes connaissances quant aux attitudes et aux méthodes qui permettent à mon avis de bien guider les enfants dans leur parcours scolaire.

Depuis la naissance de l'enfant, les parents accompagnent celui-ci dans de multiples apprentissages. Ils lui montrent à marcher, à s'exprimer, à parler, à développer sa motricité globale et fine, à devenir propre. Ils exposent leur petite fille ou leur petit garçon à des apprentissages souvent complexes, en tentant de respecter son rythme de développement. Quand l'enfant entre à l'école, bien des parents se sentent démunis et moins compétents que durant la petite enfance de leur rejeton. Trop de parents se sentent coupés du monde scolaire et ils estiment avoir peu d'influence par rapport à l'école et aux apprentissages de leurs enfants.

J'ai voulu ici donner un outil aux parents pour qu'ils sachent comment ils peuvent participer à la vie de l'école. Ils y trouveront de nombreux renseignements qui leur permettront de mieux comprendre les enseignants et les intervenants scolaires ainsi que la structure et le fonctionnement de l'école. En lisant ce livre, les parents cesseront peut-être de considérer l'apprentissage scolaire comme un mythe et je souhaite qu'ils en arrivent à jouer un rôle actif dans la réussite de leurs enfants. Il est communément admis que le succès scolaire d'un élève dépend grandement de la participation active de ses parents.

Dans la première partie, je décris diverses facettes de la vie de l'enfant à l'école et je propose aux parents des attitudes et des stratégies pour améliorer divers aspects de la vie scolaire. Dans la deuxième partie, je suggère des solutions facilement applicables à la maison pour résoudre un certain nombre de problèmes que vivent souvent les enfants. J'ai utilisé la toute dernière question pour aborder le sujet de l'abandon scolaire, ce problème qui affecte l'ensemble du système d'éducation et de la société. J'ai rassemblé des éléments que les parents doivent absolument mettre en œuvre pour prévenir ce problème chez les adolescents.

Enfin, j'ai beaucoup insisté sur l'importance d'établir des rapports de connivence et de coopération entre les parents, les enseignants et l'école en général, tout en respectant les champs de compétence respectifs. En écrivant ce livre, j'espère favoriser l'harmonie entre les deux principaux milieux de vie de l'enfant.

Grâce à cette harmonie entre les personnes significatives de son réseau de relations, l'enfant peut vraiment intégrer ce qu'il apprend à l'école. Une fois adulte, il pourra à son tour transmettre à son entourage les apprentissages qu'il aura faits à l'école, et communiquer aux autres son éveil à la culture, à la science et aux beautés de la vie.

Germain Duclos

PREMIÈRE PARTIE

AMÉLIORER

COMMENT ACCROÎTRE LA MOTIVATION DE MON ENFANT À L'ÉCOLE?

▼

Sébastien, 9 ans, s'adonne à plusieurs sports et ne présente aucun problème de comportement. Il est constant dans ses amitiés et aimé de son entourage. Pourtant, il n'est pas très bon à l'école. Comme ses parents ne mettent pas en doute ses capacités intellectuelles, ils croient que leur fils est paresseux. En effet, lorsqu'arrive l'heure des devoirs et des leçons, Sébastien bâille, se frotte les yeux, s'amuse de petits riens, se couche sur sa table de travail.

Le cas de Sébastien est loin d'être unique. Comme des milliers de jeunes, cet enfant s'intéresse peu aux activités intellectuelles et scolaires. Or, la motivation est l'un des facteurs les plus importants de la réussite scolaire; c'est le moteur de l'apprentissage. La motivation s'avère aussi importante que l'intelligence, l'adaptation au milieu et la méthode de travail.

Qu'est-ce que la motivation?

La motivation, c'est l'ensemble des forces qui poussent l'individu à agir. Elle réunit le désir et la volonté, et se présente sous deux formes: la motivation intrinsèque et la motivation extrinsèque.

La motivation intrinsèque

Ce type de motivation se manifeste avant même que le petit entre à l'école. La majorité des enfants de 4 ou 5 ans ont très hâte d'aller en classe pour apprendre à lire et avoir accès au monde des adultes et à leurs secrets. Chez l'enfant du primaire, la motivation intrinsèque peut être comparée à la faim. On ne peut forcer un enfant à avoir de l'appétit. Tout au plus peut-on varier son menu et lui présenter de bons petits plats pour l'inciter à manger. De la même manière, les adultes ne peuvent forcer un enfant à avoir le goût d'apprendre. Ils peuvent l'encourager à le faire, mais l'apprentissage suppose toujours un choix, conscient ou non, appuyé sur la motivation.

L'intérêt pour les matières scolaires dépend en grande partie des valeurs véhiculées par le milieu familial. Si les parents lisent rarement, n'ont aucune vie intellectuelle et s'intéressent peu aux activités scolaires de leur rejeton, ce dernier risque fort d'en faire autant.

Souvent, la motivation dépend aussi de la qualité de la relation qu'entretiennent l'enfant et son enseignant. Quand il y a une connivence entre les deux, et quand la relation est enrichissante, l'élève adopte les valeurs auxquelles son enseignant accorde de l'importance. Rappelons aussi que même si la motivation ne provoque pas toujours de bons résultats scolaires, elle invite toujours à l'effort. C'est pourquoi je considère qu'il n'y a pas d'élèves paresseux, mais des élèves non motivés.

De plus, l'enseignement individualisé incite les jeunes à apprendre. Avec cette approche pédagogique, les jeunes peuvent aller à leur rythme et relever des défis qui sont à la mesure de leurs intérêts et de leurs aptitudes. On a remarqué que la curiosité intellectuelle, l'une des composantes de la motivation scolaire, est beaucoup plus vive chez les élèves qui bénéficient d'un enseignement individualisé.

La motivation extrinsèque

La motivation extrinsèque dépend, quant à elle, de stimuli extérieurs. On peut recourir à différents moyens pour motiver un enfant (récompenses, promesses, menaces, punitions, etc.) : c'est la pédagogie de la carotte et du bâton. Dans la majorité des cas, les élèves réagissent à ces moyens, mais ils finissent par s'en lasser ou par se révolter. De plus, la motivation diminue très souvent dès que l'on abandonne ces stimuli. Les notes constituent certes de bons moyens pour motiver les jeunes, mais des études ont démontré que, pour que l'enfant ait envie d'apprendre, le plaisir de le faire est une meilleure garantie que n'importe quelle course aux résultats.

Nombre de jeunes ont des difficultés d'apprentissage à l'école. Pour chacun d'eux, on peut se poser la question suivante : a-t-il des difficultés scolaires parce qu'il n'est pas motivé ou manque-t-il de motivation parce qu'il a des difficultés scolaires ? Dans le premier cas, on parle d'un problème de motivation primaire et dans le deuxième cas, d'une difficulté de motivation secondaire. Il faut bien évaluer la nature du problème avant de déterminer de quel type de motivation l'enfant manque.

Par contre, certains chercheurs préconisent une toute autre approche face au problème de la motivation. Il s'agit de la « pédagogie du succès », une approche pédagogique systématique qui stimule les élèves à réussir à l'école et à développer leur motivation.

En voici les grands points :

- Les élèves doivent savoir clairement ce qu'ils ont à apprendre.

- Les choses doivent être enseignées dans l'ordre et progressivement.
- Les élèves doivent pouvoir progresser à leur rythme.
- La matière doit être programmée avec précision.

Selon les défenseurs de cette approche, si les programmes scolaires sont bien élaborés et si l'enfant travaille à son rythme, le manque de motivation disparaît.

À maintes reprises, nous avons constaté à quel point la motivation scolaire est intimement liée à l'estime de soi. Quand l'enfant obtient de bons résultats, il s'estime mieux — ainsi que son entourage — et il est toujours plus motivé à apprendre.

Les degrés de motivation scolaire

Il existe six niveaux de motivation scolaire :

1) Dans de rares cas, l'enfant ne s'intéresse pas du tout aux activités intellectuelles et scolaires. Chez certains enfants, ce manque de motivation se manifeste avant même qu'ils fréquentent l'école.

2) L'enfant participe aux activités scolaires parce qu'il y a récompense ou punition à l'horizon. La motivation est alors uniquement extrinsèque. Il suffit d'enlever récompenses et punitions pour que la motivation s'évanouisse.

3) L'enfant participe aux activités scolaires par conformisme. Ce type d'élève ne pose pas de questions. Il ou elle se rend à l'école, et accepte de participer aux différentes activités uniquement parce que ses frères, ses sœurs et ses compagnons le font ou parce que les adultes le lui demandent.

4) L'enfant participe aux activités scolaires à cause de sa relation enrichissante avec ses camarades et la personne qui lui enseigne.

5) L'enfant participe aux activités scolaires pour les résultats concrets qui découlent de ces activités. Plus un enfant est jeune, plus il veut obtenir des résultats concrets à la suite de ses efforts : une page bien écrite, une beau dessin, etc.

6) L'enfant participe aux activités scolaires parce qu'il a du plaisir à maîtriser les stratégies et les moyens utilisés lors de ces activités, et qu'il s'y sent compétent. C'est le niveau de motivation le plus élevé, purement intrinsèque, que bien des adultes n'atteignent jamais.

La motivation ne s'impose pas

Il m'apparaît important de souligner que je n'ai jamais rencontré d'enfants paresseux, mais très souvent des enfants non motivés. La motivation est le moteur de l'autonomie. Celle-ci ne s'impose pas, mais elle peut être alimentée et cultivée, surtout à la maison, à l'heure des devoirs et des leçons.

L'enfant doit comprendre le sens des travaux scolaires pour accepter de prendre ses responsabilités. Quand il rechigne à faire son travail, c'est souvent parce qu'il n'en perçoit pas le sens. Il voit ses devoirs à faire comme des exigences imposées par les adultes, comme une source de frustration. Il peut protester verbalement ou faire de la résistance passive. Généralement, au cours de ses premières années d'école, l'enfant accepte volontiers les devoirs à la maison pour faire plaisir à ses parents et à son enseignant ou, simplement, par conformisme. Cependant, plus il vieillit et moins il accepte aveuglément les règles sans en comprendre le sens. Il ressent le besoin de comprendre ce que lui rapporteront ses efforts. Il doit surtout se rendre compte que ces activités sont susceptibles de satisfaire sa curiosité et son désir d'apprendre, du moins en partie. Il est également important qu'il constate que l'exercice de ses habiletés lui fait faire des progrès. Quand tel est le cas, le jeune se sent valorisé par ses activités scolaires. Il lui est ainsi plus facile d'être autonome et de faire des choix personnels.

Stimuler la motivation scolaire constitue la première tâche à laquelle doivent s'appliquer les parents et les enseignants. La prise en charge personnelle de l'élève peut être compromise si cette tâche n'est pas accomplie adéquatement.

Plaisir, estime de soi et motivation

L'enfant accepte de participer à une activité par conformisme et, surtout, parce qu'il s'attend à en retirer du plaisir. Le plaisir constitue donc le mobile, l'énergie intrinsèque de la motivation. Le jeune qui participe à une activité pour faire comme les autres s'y engage moins personnellement. Il peut tout de même en retirer du plaisir si son attitude est appréciée et valorisée par son entourage.

Il est important de souligner que le plaisir est contagieux. Si l'adulte n'éprouve pas lui-même du plaisir au cours des activités qu'il partage avec l'enfant, il n'est pas surprenant de constater que ce dernier n'est pas particulièrement motivé.

L'estime de soi est également à la source de la motivation. Quand l'enfant n'a pas confiance en ses capacités, quand il doute de lui-même, il a de la difficulté à espérer du succès et du plaisir, donc à être motivé. L'estime de soi est essentielle pour acquérir des compétences intellectuelles et sociales. La fierté vient ensuite ; elle augmente le plaisir et la motivation pour faire d'autres activités semblables.

Voici les principaux moyens et attitudes pour favoriser la motivation scolaire chez les enfants :

1. S'interroger sur les valeurs à transmettre et sur l'exemple à donner. Il est difficile d'inciter un enfant à lire ou à écrire

quand on n'attache pas d'importance à ces activités ou quand on ne les pratique pas.

2. Évaluer ses propres motivations par rapport à un domaine ou à une matière scolaire pour laquelle l'enfant manifeste peu d'intérêt. La motivation a un caractère contagieux et il est souhaitable d'améliorer la sienne avant de penser à la transmettre à ses enfants.

3. Stimuler la curiosité intellectuelle des enfants en répondant à leurs questions et en échangeant avec eux sur divers sujets.

4. Soutenir les enfants dans leur parcours scolaire, même durant leur cours secondaire.

5. Reconnaître et souligner régulièrement leurs talents et leurs qualités, que ce soit à l'école, à la maison ou ailleurs.

6. Éviter de porter des jugements de valeur ou de prononcer des mots qui peuvent les blesser à propos de leurs apprentissages scolaires.

7. Les encourager régulièrement dans les efforts qu'ils fournissent.

8. Les amener à anticiper le plaisir qu'ils retireront des activités qu'on leur propose et, en conséquence, s'assurer que le contenu de ces activités est stimulant.

9. Apaiser la période des devoirs et des leçons lorsque celle-ci risque de se transformer en bataille rangée.

10. Amener les enfants à comprendre l'utilité des activités scolaires proposées tant pour leur vie actuelle que pour leur avenir.

11. Les aider à faire des liens entre ce qu'ils ont déjà appris et ce qu'ils s'apprêtent à apprendre.

12. Les encourager à attacher plus d'importance au processus d'apprentissage qu'aux résultats scolaires.

13. Éviter le plus possible de leur faire vivre du stress de performance.

14. Les amener à se comparer à eux-mêmes plutôt qu'aux autres.

15. Leur accorder le droit à l'erreur.

16. Respecter le rythme d'apprentissage de chacun. Éviter de brusquer un enfant pour des apprentissages trop précoces.

17. Faire comprendre aux enfants que l'intelligence est une chose et que les résultats scolaires en sont une autre.

Votre enfant ne s'intéresse pas aux activités scolaires ?

Bien sûr, il n'y a pas de recettes magiques pour motiver les enfants. Pourtant, certains moyens et certaines attitudes donnent un bon coup de pouce. Si votre enfant dit qu'il n'aime pas l'école, voire qu'il déteste telle ou telle matière, vous pouvez :

- discuter calmement avec lui sans le culpabiliser et sans lui faire de semonces ;
- lui demander de trouver les raisons pour lesquelles il est si peu motivé ;
- lui faire préciser les éléments de la matière scolaire ou des activités qu'il n'aime pas ;
- évaluer, en écoutant ses propos, la qualité de la relation qu'il a avec son enseignant ;
- l'aider à trouver des moyens pour être plus motivé ;
- si le contexte s'y prête, l'inciter à parler à son enseignant ;
- avec l'accord de l'enfant, élaborer avec l'enseignant une stratégie de motivation et ensuite rendre compte à l'enfant de cet échange ;
- si le problème persiste, consulter un spécialiste, avec l'accord de l'enfant.

Il est important de dire à l'enfant qu'il a le droit de ne pas aimer l'école ou une matière donnée, mais que son manque de motivation risque d'avoir des conséquences néfastes sur son rendement scolaire et sur l'estime qu'il a de lui-même. N'oubliez surtout pas que la motivation scolaire ne s'impose pas, elle se cultive.

Pour une école qui motive

Je me souviens d'une visite que j'ai faite dans une école progressiste. Dès les premières minutes de ma visite, je me suis rendu compte que cette école était un réel milieu de vie pour les enfants. Ceux-ci échangeaient librement entre eux. Quelques-uns faisaient de la peinture, d'autres faisaient une recherche sur les hamsters, d'autres encore étaient absorbés par l'élaboration d'un herbier accompagné d'un système complexe de classification et de notation. Ce jour-là, un sous-ministre de l'éducation ainsi que quelques hauts fonctionnaires visitaient l'école. Les enfants n'étaient aucunement dérangés par ces visiteurs ; ils vaquaient à leurs activités comme à l'accoutumée. À un moment, le sous-ministre s'approche d'une fillette d'environ 8 ans qui terminait une belle œuvre à la gouache. Nullement consciente de « l'importance » de son observateur, la petite mit deux pots de gouache dans les mains du sous-ministre et lui demanda candidement : « Voulez-vous tenir ces pots en attendant que je me lave les mains ? » Surpris mais amusé, le sous-ministre tint les deux pots en question en riant de bon cœur.

(…)

(suite)

Une telle scène est difficilement concevable dans une école traditionnelle. Les enfants de cette école ne vivaient pas de stress de performance ; leurs attitudes reflétaient plutôt le plaisir spontané qu'ils avaient à apprendre. C'était une école qui motivait beaucoup les élèves.

À la suite des états généraux en éducation, on a introduit au Québec une réforme en profondeur de l'enseignement. Ce changement s'imposait, d'une part à cause du fort pourcentage d'abandon scolaire et, d'autre part, afin de préparer les enfants aux défis que représentent la mondialisation et les changements sociaux. Depuis longtemps, on avait constaté que les élèves étaient peu motivés, trop passifs dans leurs apprentissages. Il s'avérait donc important qu'ils deviennent plus polyvalents et qu'ils développent une pensée plus souple, leur permettant ainsi de mieux les préparer au monde du travail. On a pris conscience que les élèves étaient plus informés que formés, que leurs savoirs étaient compartimentés dans les matières scolaires. Il était essentiel que les habiletés et les connaissances soient intégrées dans des compétences en décloisonnant les matières scolaires et, pour ce faire, on s'est inspiré à la fois de la psychologie cognitive et des expériences faites dans d'autres pays. Cette réforme scolaire mise davantage sur le respect des rythmes individuels et sur une évaluation des apprentissages de l'élève par rapport à son propre cheminement. On suggère également plusieurs stratégies visant à rendre les élèves plus actifs et motivés : pédagogie par projets, portfolios, diminution des reprises d'année, etc. On mise beaucoup sur le développement intégral, comme c'est le cas dans les écoles alternatives.

Dans le préambule de la loi créant le ministère de l'Éducation, régissant donc tout le système scolaire, on affirme que tout enfant a le droit de bénéficier d'un système d'éducation qui favorise le plein épanouissement de sa personnalité, que ce soit sur le plan intellectuel, physique, social, affectif ou moral. Des groupes de parents et d'enseignants tentent depuis quelques années d'appliquer concrètement les principes fondamentaux de la philosophie éducative véhiculée par le ministère, que ce soit dans le cadre des écoles traditionnelles – au moyen de projets éducatifs – ou dans celui d'autres structures scolaires. Si la réforme est bien appliquée, les écoles dites traditionnelles seront très semblables aux écoles alternatives dans leur philosophie et leurs façons de faire. Tous les parents, même s'ils ne s'en rendent pas clairement compte, ont une visée éducative pour leur enfant et certains d'entre eux souhaitent ardemment que l'école reflète leurs valeurs et leurs projets éducatifs.

Voici les principales caractéristiques des écoles progressistes qui motivent les élèves et qui transmettent des valeurs humanistes qui s'inscrivent fort bien dans l'esprit de la réforme:

- On favorise des valeurs comme la liberté de choix, l'ignorance des classes sociales, la variété des modèles et des méthodes pédagogiques, l'égalité des chances pour tous, le pluralisme, une distribution démocratique des pouvoirs entre tous les participants. Ainsi, la compétition, le culte de l'élitisme, le conformisme et la centralisation des pouvoirs entre les mains d'un petit groupe sont des valeurs rejetées.

- On propose un décloisonnement des matières scolaires. Les programmes dictés par le ministère ne sont pas utilisés de manière formelle. Les programmes et les tests véhiculés dans les écoles traditionnelles correspondent à une conception mécaniste et déterministe de l'apprentissage et de l'évaluation. Ils servent avant tout à préparer les enfants à réussir leurs examens. Les évaluations faites dans les écoles progressistes, quant à elles, sont essentiellement au service de l'élève. On ne les utilise pas pour des classements ou des promotions. Elles sont des outils offerts à l'enfant pour qu'il s'auto-évalue et qu'il ajuste lui-même sa démarche d'apprentissage.

- Plusieurs modèles pédagogiques sont véhiculés dans ces écoles et sont adaptés aux besoins des enfants. On accorde de l'importance à la pédagogie par projets. Ainsi, les enfants sont invités à concevoir et planifier des projets personnels et motivants au cours desquels ils concrétiseront des apprentissages en lecture, en mathématiques, en art, en sciences, en écologie, etc.

- On accorde beaucoup d'importance à l'auto-apprentissage chez l'enfant. En effet, selon les concepteurs de l'école progressiste, l'enfant a les ressources nécessaires pour se développer lui-même. L'école et les adultes doivent lui fournir un environnement riche et stimulant, un réel milieu de vie. L'enfant est l'acteur et l'artisan principal de sa propre formation, ce qui signifie que cette dernière se poursuit tout au long de son cheminement. Les adultes le stimulent, l'alimentent et le soutiennent quand il en manifeste le besoin. Les enseignants deviennent dès lors des guides pour les apprentissages.

- Le développement optimal et intégral de l'enfant est la plus grande valeur partagée par les tenants de la réforme. Les enseignants accordent une grande importance au fait que l'enfant puisse développer, selon son rythme personnel et les motivations qui lui sont propres, diverses facettes de sa personnalité. Ainsi, l'enfant est mis en contact avec une variété d'activités stimulantes et enrichissantes : sciences naturelles, recherches diverses, arts visuels et auditifs, activités physiques, coins de lecture, etc. L'enfant planifie lui-même ses projets ou son programme. Ce dernier ne comporte pas de disciplines spécifiques, cloisonnées et découpées en unités définies et hiérarchisées. On accorde beaucoup d'importance aux compétences qui peuvent se développer dans plusieurs domaines. Par exemple, avoir une pensée critique est une compétence qui doit être présente autant en lecture qu'en mathématiques ou en sciences.

La réforme scolaire prône ce type d'école qui motive davantage les élèves afin de prévenir notamment l'abandon scolaire. De plus, les compétences ainsi acquises leur serviront tout au long de leur vie. Une telle école progressiste favorise la participation active des parents pour préciser la philosophie de l'école et le projet éducatif, et même pour animer certaines activités avec les enfants. Une école progressiste se veut très démocratique et reflète les valeurs éducatives et humanistes de l'ensemble des participants (parents, enseignants, enfants). Chacun doit mettre l'épaule à la roue pour le devenir des enfants.

COMMENT FAVORISER L'AUTONOMIE ET LE SENS DES RESPONSABILITÉS CHEZ MON ENFANT?

▼

Mathieu est en cinquième année et ses résultats scolaires sont faibles. Tout le monde estime que son rendement ne reflète pas ses capacités. Ses parents sont inquiets depuis qu'ils ont rencontré son enseignante, à la remise du dernier bulletin, car celle-ci leur a fait part du manque d'autonomie de Mathieu en classe. Elle a ajouté que leur fils se comportait comme s'il n'était pas responsable de son apprentissage et qu'elle devait souvent le soutenir individuellement pour qu'il commence son travail et le termine.

Les parents sont très déçus. Eux aussi se rendent compte à quel point Mathieu dépend d'eux pour faire ses devoirs et étudier ses leçons. Ils étaient pourtant convaincus qu'avec le temps, Mathieu deviendrait plus autonome et plus responsable. Or, la perspective de le voir passer à l'école secondaire les inquiète de plus en plus. Mathieu réussira-t-il, en moins de deux ans, à développer suffisamment d'autonomie et de sens des responsabilités pour y arriver?

Voilà une inquiétude que partagent de nombreux parents! Ceux-ci aimeraient que leur enfant développe spontanément son autonomie et le sens des responsabilités. Malheureusement, il en va souvent autrement. En effet, les parents se rendent compte que ces deux attitudes ne se développent qu'au fil du temps, avec des progressions subites et parfois des régressions temporaires. Pourtant, ces deux attitudes se complètent et sont essentielles à un bon cheminement scolaire.

L'enfant ne naît pas autonome. De tous les mammifères, le bébé humain est le plus dépendant de son entourage. Et son développement se caractérise surtout par une quête d'autonomie de plus en plus grande.

Qu'est-ce que l'autonomie ?

Selon le dictionnaire, l'autonomie est définie comme la capacité d'un individu d'être libre et indépendant du point de vue moral et intellectuel, et de fonder son comportement sur des règles librement choisies. Cette capacité n'apparaît pas brusquement au cours du développement. Elle se construit progressivement et son acquisition, qui peut se faire de façon presque naturelle ou de façon pénible, est facilitée par les attitudes des parents, des intervenants scolaires, des pairs et des adultes avec qui l'enfant interagit.

Tous les apprentissages élémentaires que le jeune enfant doit réaliser dans sa quête d'autonomie (la marche, le langage, l'entraînement à la propreté, l'habillement, etc.) se font par stades, selon un processus naturel de développement. L'autonomie s'inscrit également dans un processus d'apprentissage dont la qualité et le rythme varient d'un enfant à un autre.

Affirmation de soi et autonomie

L'autonomie, ce besoin de maîtrise de soi et de libre disposition de soi-même, est avant tout une affirmation personnelle. Au cours du développement, entre 18 et 24 mois, on voit apparaître les premières affirmations conscientes et réelles de l'enfant. Les parents s'en rendent rapidement compte, car le petit répond souvent ou systématiquement « non » à leurs demandes. Cette période, qualifiée également de « petite adolescence », est souvent l'occasion pour les parents de s'initier à la diplomatie.

L'enfant a appris à dire « non ». Il a souvent entendu ce petit mot dans le passé et, pour lui, c'est un mot magique ; il signifie le pouvoir, le contrôle, car on l'a souvent utilisé pour arrêter ses gestes. L'enfant, par imitation et par désir de s'affirmer, reprend donc à son compte le mot « non » avec tout ce qu'il comporte de pouvoir. Quand l'enfant dit « non », il s'affirme contre quelque chose. Il signifie ainsi à son entourage qu'il existe et qu'il a le droit de s'opposer et de s'imposer.

Certains enfants ne disent pas « non » verbalement, mais ils s'opposent en action. C'est ce que l'on nomme de la résistance passive. Par exemple, un enfant se résigne à exécuter une activité qu'il n'aime pas, mais il y met beaucoup de lenteur.

Ces premières oppositions sont des tentatives d'affirmation personnelle ; toutefois, l'enfant n'a pas encore appris à être autonome. Il s'affirme « contre » quelque chose, mais il ne commence à développer vraiment son autonomie que lorsqu'il parvient à s'affirmer « pour » quelque chose, c'est-à-dire à faire des choix.

Entre 2 ans et 4 ans, une plus grande volonté d'indépendance se manifeste chez l'enfant, volonté qui se traduit par l'expérimentation de petits choix personnels. Cependant, ce cheminement vers l'autonomie est source d'ambivalence et de conflits, autant chez l'adulte que chez l'enfant. Ce dernier, pour sa part, est à un stade où il doit développer certaines capacités.

Apprendre à être seul

L'autonomie suppose la capacité d'être seul. L'enfant brise un lien de dépendance d'avec ses parents à chaque nouvel apprentissage qu'il réalise. Dans son cheminement vers l'autonomie, il crée de plus en plus de distance entre lui et ses parents. Cela est souvent cause d'ambivalence, tant chez les parents que chez l'enfant. L'enfant s'affirme par des gestes autonomes tout en désirant rester petit et entouré, en état de dépendance.

Quant aux parents, ils sont généralement fiers des nouveaux apprentissages de leur enfant, mais ils perçoivent, en même temps, que leur petit se sépare d'eux de plus en plus. Les parents aussi ont peur d'être seuls.

Apprendre à faire des choix

L'autonomie suppose aussi la capacité de faire des choix conscients et d'en assumer les conséquences, qu'elles soient positives ou négatives. Cela peut également être source d'ambivalence. En effet, faire un choix nécessite que l'on renonce à quelque chose. Dès son jeune âge, l'enfant fait face à des dilemmes : par exemple, il doit choisir entre de la crème glacée et un morceau de gâteau. Or, sa tendance naturelle est de tout vouloir. Pourtant, il doit renoncer à l'une de ces gâteries. Bien des adultes ont aussi de la difficulté à faire des choix, à abandonner quelque chose.

La motivation

Il est important de souligner que tous les gestes autonomes sont sous-tendus par la motivation. En effet, la curiosité, le désir d'apprendre et d'imiter les adultes, le désir de s'affirmer et de se réaliser constituent le moteur de tout acte autonome. L'autonomie implique nécessairement des efforts. Le chemin qui y mène est parsemé d'embûches et les efforts doivent être soutenus. Comme ceux-ci sont parfois désagréables, l'enfant peut régresser ou refuser temporairement d'apprendre de nouvelles choses. Or, les efforts sont toujours tributaires de la motivation. Il est donc essentiel que les parents soutiennent l'enfant dans ses efforts en lui signifiant qu'ils ont confiance en ses capacités et en lui suggérant au besoin des stratégies ou des moyens d'atteindre son but.

La motivation scolaire est directement influencée par les valeurs du milieu familial, et elle apparaît bien avant que l'enfant entre à l'école. Les parents qui ont peu d'activités intellectuelles (lecture, écriture, etc.) trouvent difficile d'inciter leur enfant à en avoir. Pourtant, lorsque la période des travaux scolaires arrive, ils doivent quand même aider leur enfant à en comprendre l'utilité, à être autonome et responsable sur ce plan. Si cela n'est pas fait, l'enfant rechigne à faire ses travaux, car il n'en perçoit pas l'utilité. Les travaux scolaires sont alors perçus comme des exigences d'adultes et comme une source de frustration.

L'autonomie scolaire

L'autonomie est la liberté relative qu'a un sujet de déterminer ses objectifs, de choisir les moyens de les atteindre et d'évaluer ses apprentissages [1]. C'est une capacité hautement évoluée et idéale. Tout parent et tout enseignant est ravi d'être en présence d'enfants manifestant de pareilles aptitudes. Or, ce n'est pas le cas pour la majorité des petits, surtout au cours primaire. Même si c'était le cas, il faut être conscient qu'un enfant ne peut être autonome dans tous les domaines. En

---

[1] LEGENDRE, REYNALD, *Dictionnaire actuel de l'éducation.* Montréal-Paris : Guérin-Eska, 1993, p. 119.

effet, le degré d'autonomie d'un enfant varie d'une matière à l'autre et d'une activité à l'autre. Par exemple, un élève peut être très autonome en mathématiques et dans les sciences de la nature tout en l'étant moins en français et en éducation physique. Ces fluctuations sont déterminées en grande partie par la complexité des tâches à exécuter, par la personnalité, les aptitudes et la motivation de l'élève, et par le soutien que l'enseignant et les parents lui apportent.

Face à un groupe d'élèves, les enseignants doivent tenir compte de grandes variantes dans les degrés d'autonomie. Tous les élèves n'ont pas besoin du même d'encadrement. L'environnement éducatif doit être plus ou moins dirigé et encadré selon la capacité de l'élève de prendre en main son propre apprentissage. Ainsi, plus un enfant se comporte de façon autonome, moins les enseignants et les parents ont à être directifs. C'est ce qu'on appelle le dirigisme dégressif ou décroissant.

La dernière réforme scolaire au Québec tient compte de cette donnée. Elle accorde beaucoup d'importance au fait que chaque élève doit être actif et manifester de l'autonomie dans ses apprentissages, qu'il doit être un véritable acteur de son cheminement scolaire. Plus on maintient un élève dans une position de dépendance et de conformisme — ce qui est souvent le cas dans la pédagogie traditionnelle —, moins on favorise son autonomie.

Le dirigisme décroissant n'est pas facile à appliquer pour les enseignants, car il nécessite des interventions individualisées, compte tenu du fait que les élèves ne sont pas tous aussi autonomes les uns que les autres. Les enseignants n'ont pas tous les mêmes stratégies dans le soutien qu'ils fournissent aux élèves, loin de là! Cette situation provient du fait que l'attitude de chaque enseignant est déterminée par sa philosophie éducative, sa motivation et son expérience personnelle. On constate aussi que les programmes de formation sont peu explicites, en général, sur les comportements autonomes à adopter pour chaque degré scolaire. Certains enseignants, et à plus forte raison les parents, ont peu de points de repère précis pour déterminer si un enfant est assez autonome pour son âge.

Il y a deux dangers à éviter dans le soutien à donner à l'enfant. D'abord, il ne faut pas lui imposer des apprentissages trop précoces ou trop difficiles, car on imagine souvent que l'enfant est plus autonome qu'il ne l'est en réalité. Une telle attitude, en plus de faire vivre du stress de performance, conduit l'enfant à des échecs dévalorisants. L'autre danger consiste en l'attitude contraire, c'est-à-dire celle de sous-estimer la capacité d'autonomie chez l'enfant. Cela peut prendre la forme d'une protection excessive, qui maintient l'enfant dans la dépendance et qui nuit à l'estime qu'il a de lui-même, puisqu'on fait des choses à sa place en lui confirmant qu'il est incapable de les faire tout seul. En somme, stimuler l'enfant dans sa quête d'autonomie suppose que l'on trouve un équilibre, c'est-à-dire une attitude qui évite à la fois la surprotection et l'autonomie trop précoce. L'atteinte de cet équilibre requiert une bonne connaissance de l'enfant et le respect de son rythme d'apprentissage.

Pour les parents qui veulent accompagner leur enfant dans son cheminement vers l'autonomie, il faut une bonne perception des habiletés et des capacités de celui-ci, ainsi qu'une grande souplesse. Les parents doivent faire confiance aux capacités qu'a leur petit de fonctionner seul à certains moments. Cependant, favoriser l'autonomie de son enfant n'est pas synonyme de laisser-faire. J'ai connu plusieurs parents qui agissaient comme des contrôleurs durant les périodes de devoirs et de leçons. Quand je leur conseillais de donner plus d'autonomie à leur enfant, je constatais souvent qu'ils le laissaient soudainement seul durant ses travaux scolaires. Le jeune était désemparé et démuni, car on lui demandait, du jour au lendemain, d'accomplir sans aide ce qu'il n'avait jamais eu la chance d'expérimenter. L'apprentissage de l'autonomie se fait graduellement.

Du sens de l'autonomie au sens des responsabilités

Acquérir son autonomie! Cela signifie que l'enfant finit par utiliser toute la marge de manœuvre dont il est capable, mais à l'intérieur de cadres ou de normes jugées importantes. Le besoin d'autonomie se manifeste par le désir de se prendre en main. L'autonomie n'est pas une liberté débridée; elle implique le sens de la responsabilité de ses gestes, de ses paroles et de ses apprentissages.

Nous avons vu qu'autonomie et capacité de faire des choix personnels vont de pair et que d'avoir le sens des responsabilités, c'est assumer les conséquences de ses choix. L'autonomie est donc essentielle pour que l'élève se sente responsable; elle suppose que celui-ci a déjà choisi de s'engager dans les activités scolaires. L'écolier qui acquiert le sens de la responsabilité personnelle choisit d'assumer son rôle d'écolier, avec les exigences que cela entraîne. Un écolier responsable n'hésite pas à utiliser des moyens et des stratégies pour atteindre ses objectifs scolaires.

Un long processus

Être responsable, c'est d'abord faire un choix à partir de ses intérêts, de ses objectifs, de ses valeurs et, par la suite, agir en fonction de ce choix et persévérer dans ses efforts.

Nombreux sont les élèves qui éprouvent de la difficulté à assumer leurs responsabilités à l'école. La capacité de se charger seul de ses travaux n'apparaît pas de façon magique. Elle s'inscrit dans un processus continu qui débute au cours de la petite enfance.

Chez tous les enfants, la capacité d'être autonome et responsable se développe graduellement. Le sens des responsabilités varie selon les activités en cause. Par exemple, un enfant peut se montrer responsable quand il s'agit de ranger sa chambre et l'être beaucoup moins par rapport à ses tâches scolaires.

Il va sans dire que les activités que l'on suggère à l'enfant doivent être adaptées à son niveau de développement. Avant d'aller à l'école, l'enfant doit déjà avoir appris à prendre certaines petites responsabilités : mettre ses bottes, ranger ses jouets, etc. Soulignons, cependant, que le sens des responsabilités n'a rien à voir avec l'obéissance servile ou la routine. Les parents doivent amener l'enfant à comprendre le sens des valeurs et du bien-fondé de ces responsabilités.

En général, les responsabilités scolaires sont les premières que l'enfant doit assumer en dehors du milieu familial. Certains enfants sont moins préparés que d'autres à faire face à cette situation. Il ne faut pas oublier que le fait de prendre en main ses responsabilités scolaires relève à la fois de la motivation et de l'autonomie, et que celui de devenir un écolier responsable nécessite un engagement personnel et la capacité de persister dans cette voie.

Il est très important que les parents ne retirent pas à l'enfant sa responsabilité personnelle en excusant ses actes ou en reportant les torts sur l'école. Ainsi certains parents, pour éviter que l'enfant se sente amoindri, justifient le manque de responsabilité de l'enfant en lui disant : «Tu as de la difficulté

parce que l'enseignante parle trop rapidement.» ou «Tu as de
la difficulté parce que ton enseignante crie en classe et que
ça te rend nerveux.» En entendant ces commentaires, l'enfant
peut se dire: «Je vais attendre que les autres changent.»

Cette attitude parentale enlève à l'enfant le sens de sa propre responsabilité dans ses apprentissages. Si les parents jugent
que l'attitude, les gestes ou les paroles de l'enseignante sont
inadéquats, qu'ils aillent en discuter avec elle au lieu de passer
leurs jugements devant l'enfant. Il serait plus profitable que
les parents lui disent: «Ton enseignante, tu ne peux pas la
changer, mais toi, qu'est-ce que tu peux faire?» En parlant de
la sorte, les parents signifient à l'enfant qu'il a la capacité
de trouver des moyens de s'adapter tout en lui redonnant sa
responsabilité personnelle.

Le droit à l'erreur

Tandis que l'enfant apprend, il est inévitable et nécessaire
qu'il fasse des erreurs. Il faut le laisser en faire. Elles lui permettent d'ajuster ses stratégies et de trouver de nouveaux
moyens pour mener à bien ses travaux. Elles lui fournissent
également l'occasion de s'auto-évaluer, de corriger le tir et de
réfléchir à la pertinence de ses choix.

Il est important d'aider l'enfant à prendre conscience de
ses erreurs. C'est ainsi qu'il apprendra à ne pas les répéter. De
plus, les ajustements et les corrections qu'il apporte pour
remédier à ses erreurs stimulent sa souplesse et la mobilité
de sa pensée.

Les parents, par perfectionnisme ou par souci d'efficacité,
sont parfois tentés de condamner les erreurs. Cela a pour conséquence que l'enfant ne court plus le risque de choisir. Il
est habité par la hantise de commettre une erreur et cela lui
occasionne du stress, inhibe sa capacité d'autonomie, de même

que sa créativité. Soulignons également qu'il est beaucoup plus facile pour un enfant d'accepter de se tromper lorsqu'il constate que ses parents acceptent leurs propres erreurs.

La planification et la méthode de travail

L'autonomie et la responsabilité sont des attitudes que l'élève doit développer graduellement au cours de son cheminement scolaire. Pour cela, il est essentiel qu'il en maîtrise les moyens. Si on place l'enfant devant des défis trop élevés, comme c'est souvent le cas chez ceux qui éprouvent des difficultés d'apprentissage, son désir d'autonomie disparaîtra à la suite d'échecs répétés. Il est important de fournir à l'élève des moyens qui correspondent à ses capacités intellectuelles, à ses motivations, à son tempérament et à sa façon d'apprendre, ou de l'aider à les découvrir.

Pour devenir un écolier responsable, l'enfant doit aussi acquérir une méthode de travail personnelle. Face à un travail ou à un examen à préparer, la planification et la méthode de travail doivent comprendre les éléments suivants :

- l'enfant connaît la succession des étapes à franchir pour réaliser son travail ou préparer son examen ;
- l'enfant sait combien de temps il doit consacrer à chacune de ces étapes, en fonction de l'échéance ;
- l'enfant connaît les moyens et les stratégies à utiliser à chacune de ces étapes ;
- l'enfant sait qu'il devra faire son auto-évaluation par rapport aux objectifs à atteindre.

L'enfant doit apprendre à maîtriser cette discipline de travail. Pour y parvenir, il doit absolument être soutenu et encadré sur le plan pédagogique. On ne peut espérer qu'un élève fasse preuve d'une pensée structurée et qu'il adopte des méthodes efficaces si son environnement éducatif n'est pas structuré, que ce soit à la maison ou à l'école.

Cependant, on ne doit pas imposer à un élève des structures et des méthodes préétablies. Au mieux peut-on les suggérer ou les offrir comme des moyens parmi d'autres. Il est beaucoup plus profitable de favoriser l'initiative et de se rappeler que la motivation est à la base de cette capacité. Pour favoriser les initiatives, les adultes doivent arriver à supporter leur propre anxiété et accepter que l'élève prenne un autre chemin que celui qu'on favorise en fonction de l'objectif poursuivi. L'enfant a le droit d'être différent. Il faut être suffisamment ouvert et avoir confiance en ses capacités quand il utilise des moyens autres que ceux qu'on lui suggère.

L'enfant a besoin d'expérimenter, même au prix de quelques erreurs et échecs. Ceux-ci peuvent être récupérés de façon positive, c'est-à-dire en l'aidant à récapituler son travail afin d'évaluer l'efficacité de sa méthode en regard de l'objectif qu'il s'est fixé. Par le biais de cette évaluation, l'adulte doit aider l'enfant à comprendre que c'est le moyen utilisé qui n'était pas efficace et non pas lui-même, comme personne. Cette prise de conscience lui permettra de s'ajuster en fonction d'autres travaux ou projets, et lui donnera de l'espoir.

Enfin, il est important de retenir que chaque geste que l'on pose à la place de l'enfant, alors que celui-ci peut très bien poser ce geste, nuit à son autonomie et à son sens des responsabilités.

Autonomie et responsabilité

Pour aider son enfant à développer le sens des responsabilités et de l'autonomie, il faut:

- encourager son affirmation personnelle;

- être ferme sur certains points importants et, quand l'enfant s'oppose, faire preuve de souplesse sur des points mineurs;

- l'encourager à faire des choix personnels dans certaines limites;

- l'aider à assumer les conséquences de ses choix;

- l'encourager à trouver des moyens de s'adapter aux situations difficiles;

- l'aider à persévérer dans ses efforts et à terminer ce qu'il a commencé;

- lui confier des responsabilités adaptées à son âge;

- respecter son rythme d'apprentissage: à exercer trop de pression pour accélérer son apprentissage, on ne peut que provoquer du stress de performance et des échecs;

- proposer à l'enfant des défis à sa mesure;

- souligner régulièrement à l'enfant ses forces et reconnaître les efforts qu'il déploie;

- l'aider à voir l'utilité des activités qui se déroulent à l'école, tant pour le plaisir qu'il peut en retirer que pour leur utilité concrète;

- encourager sa curiosité intellectuelle en répondant à ses questions et en l'amenant à faire des liens entre ce qu'il apprend en classe et ce qu'il observe dans la vie courante;

- susciter sa motivation pour qu'il éprouve du plaisir et prenne des initiatives;

- lui suggérer des stratégies plutôt que de lui imposer des moyens ou des méthodes préétablis;

- l'encourager à choisir ses propres moyens et ses propres stratégies pour arriver à ses fins;

- l'amener à comprendre qu'il est normal de faire des erreurs et que c'est même l'occasion de découvrir de nouveaux moyens pour relever des défis;

- l'inciter à corriger lui-même ses erreurs;

- le soutenir dans l'acquisition d'une méthode de travail personnelle.

Comment guider mon enfant dans ses devoirs et ses leçons?

▼

Quand Patrick, 10 ans, voyait arriver l'heure des devoirs et des leçons à la maison, il savait qu'il s'apprêtait à vivre une véritable bataille rangée et cela se répétait chaque jour. Cet épisode, qui aurait pu être terminé en trente minutes, se prolongeait deux heures durant. Ses parents faisaient souvent ce commentaire exaspéré : « Il étire le plaisir ! » Quand je questionnais Patrick sur les causes de ces conflits, il répondait spontanément et candidement : « Je fais juste aider ma mère à faire mes devoirs ! » J'ai utilisé cette phrase comme titre d'une conférence aux parents — ce sont encore les mères qui assument l'essentiel des travaux scolaires à la maison, même si les pères participent plus qu'avant à cette tâche — et j'ai pu constater que de nombreux parents vivaient difficilement les devoirs et les leçons, même si leurs enfants ne manifestaient pas de difficultés d'apprentissage particulières.

Ce qui tient le plus à cœur à un enfant et ce qu'il vit comme sa plus grande richesse, c'est sa relation d'amour et d'attachement avec ses parents. Si les périodes de travaux scolaires à la maison sont si difficiles à vivre qu'elles perturbent cette relation d'amour, les parents doivent en diminuer l'importance. Il est essentiel qu'ils protègent leurs liens d'attachement en adoptant d'autres attitudes et en utilisant d'autres moyens pour transformer ces corvées en plaisir.

Avant l'entrée à l'école

Lorsqu'il arrive à la maternelle, l'enfant a déjà appris beaucoup de choses. Le développement d'une personne est jalonné d'apprentissages de plus en plus complexes, qui s'intègrent les uns aux autres ; songeons, par exemple, à la marche, au langage réceptif et expressif, à la motricité globale et fine, à l'entraînement à la propreté, à la coordination visuo-motrice, etc. Or, nombre d'enfants ayant acquis avec succès ces habiletés de base se retrouvent avec des difficultés dans les matières scolaires, tant pour la motivation que pour la maîtrise des habiletés et des connaissances. Comment expliquer ce décalage entre ce que l'enfant a appris avant l'école et ce qu'il doit apprendre en milieu scolaire ?

Il faut rappeler que les apprentissages de base à la maison se vivent dans une relation d'attachement. Quand le petit reçoit de l'affection, c'est-à-dire quand il se sent aimé et investi, pas seulement pour ce qu'il fait mais aussi pour ce qu'il est, il peut s'ouvrir et s'intéresser aux réalités physiques et sociales dans sa quête d'une plus grande autonomie, en dehors de sa relation immédiate avec ses parents. Le fait d'apprendre revêt alors un sens relationnel. Dans la famille, les parents suivent le rythme de développement de leur petit sans le ralentir ni l'accélérer, en le stimulant de façon spontanée et naturelle.

Une fois à l'école, l'enfant se rend rapidement compte qu'il doit s'ajuster et s'adapter au rythme d'apprentissage imposé par les adultes, fondé sur la moyenne du groupe et sur le programme scolaire. Le régime pédagogique imposé aux élèves ne suit pas les lois du développement, mais plutôt des normes prescrites en fonction d'objectifs définis par des adultes.

Au-delà de cette différence, il faut souligner le fait que l'enfant a déjà prouvé, avant d'entrer à l'école, qu'il pouvait très bien apprendre. Ses parents l'ont aidé à acquérir des habiletés et ils doivent maintenant jouer le même rôle par rapport aux matières scolaires.

Pourquoi les devoirs et les leçons?

Avant de commencer l'école, l'enfant a déjà intégré un grand nombre d'habiletés et de connaissances. Il doit maintenant acquérir de nouvelles habiletés et de nouvelles connaissances. Lire, écrire et compter sont des habiletés, tandis que les connaissances concernent la rétention des lettres de l'alphabet, l'orthographe des mots de vocabulaire, les tables d'additions et de multiplications, etc.

Un apprentissage est vraiment intégré lorsque l'enfant peut appliquer et généraliser ses connaissances et les transformer en habiletés. Par exemple, sa connaissance des règles de grammaire doit s'appliquer spontanément à l'écriture. Cela n'est pas toujours évident chez les enfants… ni même chez les adultes!

Les devoirs à la maison sont conçus pour exercer des habiletés acquises durant la journée ou la semaine précédente, tandis que les leçons servent à mémoriser et à consolider de nouvelles connaissances que l'enfant utilisera sous forme de savoir-faire. Cela répond à un principe fondamental: toute nouvelle acquisition doit être exercée de façon concrète pour pouvoir se conserver. Les devoirs sont aussi des exercices au cours desquels l'enfant a plaisir à pratiquer ce qu'il vient d'apprendre à l'école. Pourtant, il y a un seuil à ne pas dépasser, au-delà duquel il risque de se démotiver. L'enfant, par exemple, a appris durant la journée la soustraction avec emprunt. Le soir, il s'amuse à exercer cette nouvelle opération en l'effectuant une dizaine de fois. Une fois ce nombre dépassé, l'enfant n'a plus de défi; cela devient trop routinier pour lui et son intérêt diminue beaucoup.

Le seuil de saturation varie d'un enfant à l'autre et d'une habileté à l'autre; c'est ce qui complique la tâche de l'enseignant. De plus, celui-ci juge parfois à tort, comme les parents d'ailleurs, que la quantité garantit la qualité; au contraire, la quantité peut aller à l'encontre de la qualité et, surtout, diminuer la motivation des enfants.

Il ne faut pas confondre exercice et apprentissage. Les parents doivent soutenir et guider l'enfant dans l'exercice de ses nouvelles habiletés et non pas les lui enseigner. Un enfant a besoin d'un seul enseignant. Quand les parents s'improvisent enseignants, ils risquent fort de brouiller les cartes, car ils n'utilisent pas les mêmes stratégies que l'enseignant et peuvent ainsi créer de la confusion. De plus, l'enfant peut vivre un stress de performance quand il constate que ses parents jouent un rôle auquel il n'est pas habitué afin de lui faire apprendre à tout prix une nouvelle habileté.

La période des devoirs et des leçons permet à l'enfant de réviser des habiletés et des notions vues en classe dans un autre contexte. Plus l'enfant est jeune, plus son apprentissage dépend du contexte spatial et temporel dans lequel celui-ci a d'abord eu lieu. En faisant des exercices à la maison, l'enfant se rend compte que ce qu'il a appris en classe peut s'appliquer ailleurs.

Les parents, l'enseignant et l'enfant

Les travaux scolaires à la maison amènent l'enfant à se rendre compte que ses parents attachent de l'importance à ce qu'il a appris en dehors de leur présence. Il ne faut pas oublier que les devoirs et les leçons constituent souvent la première responsabilité qu'un enfant assume à l'extérieur de sa famille.

Il est donc important qu'il soit pleinement conscient que les travaux scolaires relèvent de sa responsabilité, à lui ou à elle, et non de la responsabilité de ses parents. Ces travaux doivent être perçus comme un contrat entre l'enseignant et lui-même, et les parents n'en ont pas la responsabilité. Les responsabilités doivent donc être clairement définies entre l'enfant, l'enseignant et les parents. Le rôle principal de ces derniers consiste à aider l'enfant à assumer ses responsabilités, et cela vaut également pour l'adolescent; lui aussi a besoin du soutien et des encouragements de ses parents et de savoir que ce qu'il apprend a de l'importance pour eux.

Grâce aux devoirs et aux leçons, les parents peuvent suivre la progression scolaire de leur enfant tout en stimulant sa motivation, son autonomie et son sens de la responsabilité. Ils ont également un rôle central à jouer pour amener l'enfant à prévoir et à avoir du plaisir dans la maîtrise d'habiletés et de connaissances scolaires, ainsi qu'à percevoir l'utilité concrète de ces connaissances dans sa vie présente et future. Quant à l'autonomie, cette capacité de faire des choix et de s'affirmer positivement en rompant des liens de dépendance par rapport aux adultes, elle n'apparaît pas soudainement un matin de rentrée scolaire. Elle se fortifie au fil du temps, notamment grâce à l'attitude des parents.

Quand il prend en main son rôle d'écolier, l'enfant assume sa responsabilité personnelle. Cette attitude se manifeste concrètement dès qu'il se montre capable de planifier son horaire et d'établir une méthode pour atteindre ses objectifs. Les parents peuvent aider l'enfant à adopter cette attitude au moment où il fait ses devoirs à la maison, mais cela ne se fait pas du jour au lendemain.

Les périodes de devoirs et de leçons constituent en outre une occasion privilégiée pour les parents et l'enseignant de communiquer ensemble. Malheureusement, il y a trop peu d'échanges et de collaborations entre les enseignants et les parents, ces deux grandes solitudes, malgré la multitude de moyens de communication dont nous disposons aujourd'hui. Les travaux scolaires permettent d'amorcer une telle communication, même s'ils s'avèrent insuffisants pour tisser des liens réels.

Pour bien des parents, la réalité scolaire de l'enfant est source de stress et de disputes. Il suffit de voir leur réaction au moment de la remise des bulletins pour se rendre compte à quel point les interprétations normatives du système scolaire sont parfois dévalorisantes : « Mon fils est-il sous la moyenne de la classe ? », « Ma fille a-t-elle réussi à obtenir la moyenne en mathématiques ? » La valeur de l'enfant repose tout à coup sur de simples notes qui font totalement abstraction de son cheminement personnel. D'autre part, la période des travaux scolaires devient trop souvent un champ de bataille où s'affrontent l'enfant et ses parents, où sont en jeu des rapports de domination et de soumission et où, en fin de compte, tout le monde est perdant. Comment éviter de telles scènes, comment transformer en « plaisirs » ce qu'on considère comme des « corvées » ?

Conseils pratiques : une question d'attitude

Voici quelques conseils susceptibles d'aider parents et enfants à mieux vivre le moment fatidique que représente l'heure des devoirs et des leçons à la maison. Il ne faut jamais oublier que la motivation, l'autonomie et le sens des responsabilités n'apparaissent pas soudainement mais peu à peu, grâce à l'encouragement de parents qui adoptent des attitudes constantes et adéquates.

- Faire d'abord comprendre à l'enfant que ses travaux scolaires à la maison relèvent de sa responsabilité et qu'il doit en répondre à son enseignant et non à ses parents.

- Pour motiver son enfant à lire ou à écrire, il faut prêcher par l'exemple, autrement dit pratiquer soi-même ces activités ou y attacher de l'importance.

- Il est important de faire sentir à l'enfant qu'il a une marge de manœuvre dans la gestion de ses travaux scolaires. Les parents doivent toutefois l'aider à en être responsable en l'amenant à choisir le temps et le lieu pour les réaliser et en lui faisant voir les conséquences positives et négatives de son choix. « Si tu fais tes devoirs en arrivant de l'école, tu auras la soirée libre, mais tu ne pourras pas jouer avec tes amis »; « Si tu fais tes devoirs sur la table de cuisine, tu ne te sentiras pas seul, mais par contre tu auras des distractions », etc. Il vaut mieux l'inviter, par la suite, à décider du lieu et du moment où il compte réaliser chaque jour ses devoirs. Cela devient une sorte de contrat qui durera, par exemple, un mois pour l'enfant de 6 à 9 ans et deux mois pour les 9 à 12 ans. Lorsque l'enfant a fait son choix, on l'encourage à respecter sa décision.

- Les parents ont la responsabilité, pour leur part, d'assurer à l'enfant le temps et l'espace suffisants pour faire ses travaux. Ce ne serait pas le cas, par exemple, si les parents décidaient de souper en famille au restaurant, un soir où l'enfant a des devoirs à faire.

- La responsabilité des parents consiste à soutenir et à encourager l'enfant à prendre ses responsabilités à l'école, afin qu'il prenne conscience que c'est lui seul qui décide de son sort sur ce plan. Faire attention de ne pas rassurer l'enfant en attribuant ses difficultés ou ses échecs à des éléments extérieurs. En rejetant la faute sur l'enseignant,

sur la méthode didactique ou sur le manuel scolaire, on
nie sa responsabilité et on le prive, par la même occasion, de son pouvoir et de sa capacité de changer les
choses ; cela revient à lui dire qu'il n'a aucun contrôle
sur la situation. Au contraire, il faut lui expliquer les liens
de cause à effet, afin qu'il comprenne qu'il détient les
clés de sa réussite.

• On doit respecter le rythme d'apprentissage de l'enfant,
car en tentant d'accélérer son apprentissage, on crée chez
lui stress et déplaisir.

• Si l'enfant manifeste une trop grande lenteur d'exécution,
on lui fait remarquer, sans le blâmer, les moments où il
perd du temps. Cela l'aide à s'ajuster. De plus, on fait
suivre les périodes de devoirs et de leçons d'une activité
agréable qu'il partage avec les membres de sa famille
(jeu de cartes, casse-tête, bicyclette, etc.); cette activité n'a
pas à durer longtemps.

• On le guide, mais sans lui enseigner. En effet, il vaut mieux
lui suggérer des stratégies quand il en fait la demande
plutôt que de lui imposer des méthodes préétablies.

• Si l'enfant panique quand il ne comprend pas une notion
ou qu'il ne maîtrise pas une habileté, on lui demande de
répéter la manière dont son enseignant lui a expliqué
cette notion ou cette habileté en classe. Dans la majorité
des cas, il s'approprie la notion ou la maîtrise de l'habileté en question en se remémorant les paroles et les
gestes de son enseignant.

• On doit lui souligner, régulièrement et par des exemples
concrets, ses forces et les efforts qu'il déploie. L'estime
de soi est à la base de la motivation.

- On encourage son enfant à choisir ses propres moyens et ses stratégies pour atteindre ses objectifs. On l'aide ainsi à acquérir une méthode de travail personnelle.

- Les parents doivent évaluer leur propre motivation par rapport à une matière scolaire dans laquelle l'enfant manifeste peu de motivation. La motivation est contagieuse et il convient d'améliorer celle des parents pour arriver à la communiquer à l'enfant. Par exemple, si maman déteste les mathématiques, elle ne sera pas en mesure de lui transmettre de passion pour cette matière.

- Même quand les parents sentent la moutarde leur monter au nez, ils doivent éviter de porter des jugements de valeur ou de dire des mots qui blesseraient l'amour-propre ou la fierté de leur enfant.

- Il est important de l'encourager régulièrement dans les efforts qu'il fournit.

- Amener l'enfant à anticiper le plaisir qu'il peut retirer de ses travaux scolaires. Par conséquent, il faut s'assurer que le contenu des devoirs et des leçons est stimulant, au besoin en inventant des jeux.

- On explique à l'enfant en quoi les devoirs et les leçons ont une utilité concrète dans sa vie présente et future. Il est important de stimuler sa curiosité intellectuelle en l'amenant à faire des liens entre ce qu'il apprend et la vie réelle, de même qu'entre les divers apprentissages scolaires. En plus, cela développe sa capacité de synthèse.

- On doit encourager son enfant à accorder plus d'importance au processus d'apprentissage qu'à ses résultats scolaires, lui évitant ainsi de vivre le stress de la performance.

- On l'amène à comprendre que les erreurs sont normales et qu'elles lui fournissent l'occasion de découvrir de nouveaux moyens de relever des défis, ce qui l'encourage à corriger lui-même ses erreurs.

- On lui fait comprendre que l'intelligence est une chose et que ses résultats scolaires en sont une autre. Ainsi, le fait d'éprouver de la difficulté à mémoriser l'orthographe de certains mots relève davantage d'une question de stratégie que d'intelligence.

- On aide son enfant à « apprendre à apprendre », c'est-à-dire à acquérir une méthode de travail personnelle qui soit conforme à son style cognitif.

- On l'amène à voir de façon réaliste ce qu'exigent ses travaux scolaires et on l'aide à les aborder par une méthode de travail personnelle.

- On invite son enfant à commencer par les devoirs les plus faciles à faire ou par ceux qu'il aime le plus.

- On l'aide à comprendre que ses résultats découlent de ses attitudes (motivation, autonomie, responsabilité) et des stratégies qu'il utilise, et qu'il peut décider de ces stratégies.

- On aide son enfant à évaluer ses attitudes et à trouver des moyens de les corriger pendant la période où il fait ses devoirs.

- On stimule sa créativité afin qu'il éprouve du plaisir et qu'il prenne des initiatives.

- Si l'enfant apprend de nouvelles matières ou s'il bute sur une nouvelle difficulté, on lui rappelle qu'il a déjà connu du succès et qu'il peut relever de nouveaux défis.

• Que ce soit en lecture ou en résolution de problèmes, on amène son enfant à bien repérer les informations pertinentes, par exemple en utilisant un marqueur. On lui pose ensuite des questions sur ces informations.

• On l'amène à évoquer des images mentales. Par exemple, quand il lit, on lui demande ce qu'il voit dans sa tête ou ce qu'il entend. La lecture est un déclencheur d'images mentales et ce sont ces images qui rendent la lecture intéressante. De plus, les images et les associations mentales facilitent la mémorisation.

• On aide son enfant à planifier un travail qu'il doit remettre plus tard ou à préparer un examen qu'il doit subir. On l'aide à prévoir la succession des étapes, la durée et le temps à consacrer à chacune en fonction de l'échéance, ainsi qu'à sélectionner les moyens et les stratégies à utiliser.

• La motivation de l'enfant varie dans le temps et selon les matières, en particulier s'il éprouve des difficultés dans l'un ou l'autre domaine. Si sa motivation est très faible dans une matière, à un point tel qu'il adopte un comportement de passivité ou d'opposition durant la période des devoirs et des leçons, voici des conseils susceptibles de l'aider à surmonter son problème de motivation:

   – Évitez de le culpabiliser ou de lui faire des remontrances. Votre enfant a le droit de ne pas être motivé.

   – Les enfants manquent souvent de motivation pour ce qui touche à la vie scolaire. Si on aide un enfant à préciser ce qu'il n'aime pas, on peut se rendre compte par exemple, que c'est le français, ou plus précisément, l'écriture, ou encore, de façon encore plus particulière, la calligraphie. Il s'agit souvent de circonscrire

les raisons qui réduisent la motivation, car l'enfant en
est lui-même plus ou moins conscient.

— Aidez votre enfant à trouver des moyens d'être plus
motivé. Assurez-le de votre soutien.

— En étant attentif à ses propos, évaluez la qualité de la
relation qu'il vit avec son enseignant.

— Aidez-le à parler avec son enseignant afin de trouver
des moyens de régler son problème de motivation.

— Si votre enfant présente un sérieux problème de
motivation malgré votre soutien, élaborez avec son
enseignant une stratégie de motivation. Parlez à l'enfant de cet échange.

— Il est important que votre enfant comprenne que la
motivation, bien qu'elle soit favorisée par le contenu
des activités, prend d'abord sa source dans ses attentes
et ses désirs.

— Les enfants comprennent très bien la nature de la motivation lorsque nous faisons la comparaison suivante :
l'intelligence, c'est comme le moteur d'une automobile ; on peut avoir de grandes capacités intellectuelles,
tout comme l'automobile peut posséder un très bon
moteur, mais s'il n'y a pas d'essence, l'automobile ne
roule pas. Deux ou trois personnes peuvent bien la
pousser, elle n'ira pas très loin. Il en va de même pour
un enfant peu motivé : l'enseignant peut bien pousser,
les parents aussi, si l'enfant ne s'en mêle pas, il ne sera
pas « auto-mobile ».

— Un enfant ne peut assumer ses responsabilités d'écolier si on ne lui a pas confié au préalable de petites
responsabilités à la maison (ex. : faire son lit, ranger sa
chambre, vider le lave-vaisselle, etc.). Les enfants à qui

on ne demande pas d'assumer ces petites tâches acceptent plus difficilement d'être responsables à l'école. Ils sont habitués à vivre sur un mode de dépendance.

— La motivation peut aussi être comparée à l'appétit. On ne peut forcer un enfant à avoir faim, tout comme on ne peut lui imposer d'aimer une matière scolaire. L'appétit, comme la motivation, est très influencée par le climat relationnel dans lequel se déroulent les activités. Par exemple, l'appétit peut augmenter si on mange dans une atmosphère détendue en présence d'une personne avec qui on vit une belle complicité. L'inverse aussi est vrai : si on mange dans une atmosphère de tension et de violence verbale, l'estomac se noue. S'il y a de fréquents conflits durant les devoirs et les leçons, la motivation scolaire de l'enfant diminue grandement. Une bonne proportion des adolescents qui abandonnent leurs études avant la fin de leur cours secondaire ont vécu régulièrement des conflits avec leurs parents au cours de la période des devoirs et des leçons.

— Enfin, il est important de faire comprendre à l'enfant qu'il vaut mieux pour lui qu'il prenne goût à faire ses devoirs à la maison, car son manque de motivation risque d'avoir de lourdes conséquences sur son rendement et sa fierté. Après avoir clarifié avec lui les raisons de sa faible motivation, on doit l'aider à ressentir plus de plaisir à faire ses travaux scolaires et à voir leur utilité dans sa vie courante et future.

Dans ses travaux scolaires à la maison, il est important que l'enfant soit accompagné par ses parents, qui peuvent se relayer auprès de lui. Un enfant ne doit pas associer la scolarité uniquement à sa mère. Les deux parents doivent montrer, par leurs attitudes et leurs actions, l'importance qu'ils accordent à l'école.

Nous savons que les parents d'aujourd'hui sont bousculés par de multiples activités et que leurs horaires sont très chargés. Certaines écoles ne se sont pas ajustées à ces nouvelles réalités familiales et donnent trop de travaux à faire à la maison. Or, les devoirs et les leçons ne sont pas essentiels à la réussite scolaire. Toutefois, ils sont importants pour le développement de l'autonomie de l'enfant et, surtout, ils donnent l'occasion aux parents d'accompagner leur enfant dans son cheminement, en continuité avec les apprentissages de base qu'ils ont vécus ensemble auparavant.

COMMENT DONNER À MON ENFANT LE PLAISIR DE LIRE ?

▼

Quand il entre à l'école pour la première fois, l'enfant est rempli d'espoir à l'idée de tout ce qu'il y apprendra. Il a également une perception naïve et magique de l'école ; en général, il est convaincu qu'il lui sera facile de savoir lire, écrire et compter. La plupart du temps, quelques semaines suffisent pour dissiper toute cette candeur, à cause des structures et des exigences du système scolaire.

Presque tous les enfants veulent apprendre à lire. Interrogés sur ce qu'ils ont hâte d'apprendre à l'école, neuf enfants sur dix répondent spontanément qu'ils veulent d'abord apprendre à lire. D'où vient cette motivation partagée par la grande majorité des nouveaux écoliers ?

L'intérêt pour la lecture commence bien avant l'école. Il débute très jeune, dans le cadre des relations de l'enfant avec ses parents et dans ses interactions avec la fratrie. Cet intérêt fait partie du processus d'identification aux valeurs véhiculées par la famille. De plus, cet intérêt est alimenté par la curiosité de l'enfant ; entre 4 et 6 ans, celui-ci développe une curiosité sexuelle qui se transforme en partie en curiosité intellectuelle.

C'est l'âge des pourquoi : « Pourquoi l'herbe est verte ? », « Pourquoi les nuages bougent ? », etc. Il est très intrigué par les secrets des adultes. Aussi, lorsqu'il voit ses parents absorbés dans un livre ou une revue pendant de longues périodes, il se demande : « Qu'est-ce qu'un livre ou une revue a de si intéressant ? » Sa curiosité est d'autant plus aiguisée qu'il considère la lecture comme une activité secrète, réservée aux plus grands et aux adultes.

C'est pourquoi dès son entrée à l'école, la plus grande motivation de l'enfant est d'apprendre à lire : il veut avoir accès aux secrets des adultes. Ce goût de la lecture reflète un désir plus ou moins conscient de grandir et de pratiquer les valeurs de sa famille.

Un plaisir qui se prépare bien avant l'école

C'est dans la famille que naît le goût de la lecture. En effet, dans la plupart des foyers, les enfants sont tous les jours en contact avec le monde de l'écriture : livres, journaux, affiches, étiquettes, magazines, etc. L'importance que les parents accordent aux écrits influence la perception de l'enfant quant à leur utilité et à leur valeur. Dès ses premières années de vie, il voit la lecture comme une source potentielle d'apprentissage si ses parents l'ont initié au monde de l'écrit ou s'ils ont piqué sa curiosité avec quelques moyens très simples. Il faut :

- laisser traîner des livres imagés un peu partout dans la maison ;

- attirer son attention sur certaines illustrations et sur certains mots-clés qui s'y rapportent, et les prononcer à voix haute ; surtout, ne pas insister pour qu'il soit toujours attentif ou qu'il retienne les mots ;

- préparer la liste d'épicerie avec l'enfant; devant lui, prononcer chaque mot en l'écrivant;

- lire à voix haute une lettre ou une carte d'anniversaire, utiliser son doigt comme curseur durant la lecture, pour que l'enfant associe les formes écrites et les mots prononcés à voix haute;

- chercher un numéro de téléphone en présence de l'enfant;

- attirer son attention, mais sans insister, sur les enseignes et le nom des magasins qu'il voit fréquemment;

- mettre régulièrement à sa disposition du papier et des crayons, lui demander la signification de ses dessins, et patienter pour voir peu à peu surgir de ses gribouillages des formes et même des lettres.

L'enfant doit baigner dans un univers de stimulations, dans un milieu familial qui valorise la lecture et l'écriture pour le plaisir que ces activités procurent aussi bien que pour leur utilité dans la vie quotidienne. Ce milieu de stimulations existe à coup sûr quand les parents lisent et écrivent régulièrement à la maison. Ceux-ci sont alors les premiers pédagogues et les plus grands modèles d'identification pour l'enfant. En plus de prêcher par l'exemple, les parents peuvent favoriser activement le goût de la lecture chez leur petit en lui lisant régulièrement des histoires.

Lire des histoires: un moyen de créer de l'intimité et du plaisir

Consacrer chaque jour une quinzaine de minutes à faire la lecture à son enfant fait rapidement de cette activité une source de plaisir. Des recherches montrent l'importance de faire la lecture à son enfant dès les premiers mois de sa vie pour lui donner le goût de cette activité. On peut aussi profiter de cette période pour jouer avec l'enfant, l'embrasser, lui parler, chanter, rire, etc. Bref, il importe qu'il associe au plaisir cette période de la journée où le livre occupe une place importante.

Deux spécialistes québécoises[2] ont précisé les caractéristiques des histoires ou des récits qui donnent aux enfants le goût de la lecture. Ces histoires :

- les renseignent sur leur environnement et leur vie de tous les jours ;
- présentent des personnages qui leur ressemblent ;
- personnifient des animaux, des jouets ou des objets ;
- relatent des situations qui leur rappellent leur propre vie ;
- s'inspirent de films ou d'émissions de télévision qu'ils aiment ;
- sont drôles et finissent bien ;
- sont fantastiques, mystérieuses, etc.

La plupart des livres d'histoire comportent une ou plusieurs de ces caractéristiques. Il est toutefois important que les parents choisissent des livres dont le vocabulaire est varié et de qualité. Voici maintenant quelques conseils pour que l'enfant trouve de l'intérêt et du plaisir à se faire lire des histoires :

- On lui montre les illustrations en même temps qu'on lui raconte l'histoire.
- On n'hésite pas à s'exprimer de façon vivante, en modulant le ton de la voix, en accentuant certains mots, en imitant le bruit des animaux et de certains objets, etc.

---

[2] GIASSON, J. et J. THÉRIAULT, *Apprentissage et enseignement de la lecture.* Montréal : Éditions Ville-Marie, 1983, p. 283.

- On exprime des sentiments de plaisir, de peur ou de colère en lisant. Cela aide l'enfant à mieux les exprimer et, surtout, il se rend ainsi compte que la lecture est collée à la vie, à la sienne en particulier.

- On lit l'histoire à une vitesse normale en le faisant participer activement à la lecture; en lui demandant, par exemple, d'imaginer la fin de l'histoire, de dessiner ou de mimer un épisode, etc.

- On demande à l'enfant de décrire les images et de raconter l'histoire à partir de quelques indices.

- On interrompt la lecture et on demande à l'enfant d'anticiper ce qui suit. On valorise ses bonnes idées et son imagination.

- On arrête de lire quand on voit que l'enfant n'écoute plus. On suscite sa participation en lui posant des questions sur l'histoire. On n'insiste pas s'il n'est pas attentif et concentré.

- On réserve cette activité à une période précise de la journée, par exemple avant le coucher. Cette activité est perçue comme un rituel qui le sécurise et qui est source de plaisirs.

Quand l'enfant fréquente l'école

Les parents ont aidé leur enfant à apprendre une multitude de choses depuis sa naissance. Que l'on songe à la marche, au langage, à la motricité globale et fine, etc. Ils sont les premiers éducateurs de l'enfant, la famille est la première école de sa vie. Vers l'âge de 5 ans, quand il s'apprête à entrer à l'école, l'enfant a déjà développé environ la moitié de ses capacités intellectuelles et les parents ont largement contribué à cette évolution. Alors pourquoi certains parents — qui ont si bien

accompagné leur enfant dans ses apprentissages de base —
deviennent-ils moins actifs quand vient le temps de montrer
la lecture à l'enfant ?

Certains parents craignent d'envahir le champ d'action ou
les responsabilités de l'enseignant. Ils ont toutefois un rôle
complémentaire à jouer, par rapport à celui de l'enseignant.
Même s'ils ne doivent pas intervenir sur les stratégies et les
moyens didactiques, ils peuvent soutenir l'enfant dans sa
motivation, en l'aidant à anticiper le plaisir qu'il tirera d'une
activité et l'utilité qu'elle comporte. Par exemple, l'enfant a
souvent hâte de lire quand la lecture est utilisée pour faire des
jeux de société, des chasses aux trésors, des devinettes, pour
comprendre des histoires drôles, etc. Pour qu'une expérience
de lecture soit positive et que l'enfant désire encore la pratiquer, il faut qu'il en retire plus de plaisir qu'il y met d'effort.

Les parents ont aussi un rôle actif à jouer pour amener
l'enfant à anticiper l'utilité de la lecture. Pour ce faire, ils
doivent l'amener à faire des liens concrets entre la lecture
et ses activités quotidiennes. L'enfant accepte facilement de
faire des efforts en lecture s'il perçoit que cette activité l'amène
à comprendre le mode d'emploi d'un appareil, les consignes
d'un jeu qui l'intéresse, etc. Les parents doivent informer
l'enfant des liens entre la lecture et les horaires de télévision,
les recettes, les panneaux publicitaires, les indications, les
noms des rues, etc.

Le rôle des parents consiste aussi à soutenir son enfant
quand il lit et à dédramatiser ses erreurs. En effet, il est essentiel de montrer à son enfant qu'il peut se tromper et de lui
expliquer qu'il faut reconnaître ses propres erreurs pour les
corriger. Pour que l'enfant surmonte ses difficultés, il est également important de l'aider à trouver des stratégies et à utiliser
celles que son enseignant lui a proposées. Les parents peuvent

également susciter chez l'enfant le goût d'évoquer des images mentales en lisant. Il suffit pour cela qu'ils amènent leur enfant à préciser ce qu'il voit dans sa tête quand il lit. Ils l'aident ainsi à s'ouvrir à l'imaginaire, à tout l'univers de la lecture.

Finalement, il importe que les parents adoptent des attitudes et des moyens susceptibles de favoriser le plaisir de lire. De nombreuses recherches confirment que les enfants qui lisent à la maison ont de meilleurs résultats scolaires que ceux qui ne pratiquent la lecture qu'à l'école. De plus, l'enfant qui ne lit qu'à l'école a tendance à percevoir la lecture comme un travail ou une activité fastidieuse et non comme un plaisir.

Les parents doivent favoriser la passion de la lecture chez leur enfant s'ils veulent le guider dans sa découverte des mondes merveilleux qui s'ouvrent à lui grâce aux sciences et à la culture.

Comment développer la mémoire de mon enfant?

▼

Bruno, 8 ans, obtient régulièrement de faibles notes en dictée, bien qu'il parvienne à mémoriser l'orthographe des mots de vocabulaire prescrits pour la semaine. Cette mémorisation lui demande beaucoup d'efforts. Pour l'aider, ses parents y mettent de l'énergie; de plus, ils s'inquiètent et se posent des questions : « Est-ce qu'il est intelligent ? », « Pourquoi réussit-il à mémoriser les détails d'une émission de télévision sans toutefois arriver à se souvenir de l'orthographe de quinze mots ? », « Est-ce qu'on utilise la bonne méthode pour l'aider à mémoriser ? »

Voilà des questions que de nombreux parents se posent face aux résultats scolaires décevants de leurs enfants. Ils se sentent souvent désemparés ou impuissants quand les enfants ne retiennent pas les connaissances apprises à l'école ou à la maison. Certains attribuent les causes de ce problème à un manque de motivation ou à de la mauvaise volonté. Ils sentent qu'ils ont peu de pouvoir sur la capacité de mémorisation de leurs enfants, car celle-ci est le produit d'opérations mentales dont ils connaissent mal le fonctionnement.

La mémoire : une fonction complexe

Depuis des centaines d'années, de nombreux philosophes, médecins et chercheurs de diverses disciplines ont essayé de comprendre le développement et le fonctionnement de la mémoire, cette fonction intellectuelle. Depuis les 40 dernières années, on comprend beaucoup mieux la mémoire. Par contre, même si on a réussi à mettre en lumière certains de ses mécanismes fondamentaux, on en est encore au stade descriptif. Les recherches n'ont pas encore réussi à cerner les sources intimes et dynamiques de la mémoire, mais elles permettent d'en arriver à la conclusion que la capacité de mémorisation n'est pas héréditaire et qu'elle peut s'améliorer grâce à des stratégies. Toute personne, enfant ou adulte, peut augmenter ses capacités de mémorisation, à moins d'avoir des lésions cérébrales ou de graves problèmes neurologiques ou de personnalité.

Dans la mémoire, il y a deux mécanismes fondamentaux : le stockage et le repêchage. Le premier consiste à emmagasiner par encodage des informations, des connaissances et des images mentales. Le repêchage (ou le rappel) est une opération qui consiste à rechercher et à « débusquer » une information ou une connaissance emmagasinée que l'on doit communiquer ou produire. Le repêchage s'appuie sur le stockage. Durant notre vie, nous emmagasinons une multitude de renseignements de toutes sortes, ainsi qu'un nombre incalculable de connaissances.

Le rôle des images mentales

Depuis quelques années, les recherches en psychologie cognitive ont mis en évidence le rôle central des images mentales pour l'intégration et la conservation des savoirs, notamment dans l'élaboration des stratégies cognitives et métacognitives de mémorisation. En somme, on ne peut apprendre consciemment et conserver des connaissances sans faire appel à des images mentales.

Les images mentales donnent un sens à ce que l'on apprend et permettent de conserver les connaissances longtemps. Par exemple, lorsque l'enfant lit, il met des images mentales sur des mots et, lorsqu'il écrit, il met des mots sur des images mentales. Ce n'est pas tant par son contenu que la lecture est si motivante et source de plaisir que par les images mentales qu'elle permet d'évoquer. On ne peut favoriser la mémoire chez son enfant sans l'inciter à évoquer des images mentales. Le stockage et le repêchage s'effectuent par associations imagées.

Mais qu'est-ce au juste qu'une image mentale? C'est la reproduction imaginaire d'un objet absent, un peu comme un dessin qui se forme dans notre tête. Cette image peut aussi représenter des actions ou des événements passés ou à venir. La mémoire et la capacité d'anticipation s'appuient donc sur les images mentales dont la richesse et la diversité varient d'une personne à l'autre. Ces images sont à la base de toute la vie imaginaire, de la créativité et d'une foule d'apprentissages, des plus simples aux plus complexes.

L'émergence des images mentales

Chez le jeune enfant, la représentation mentale apparaît généralement entre 18 et 24 mois. Petit à petit, le bébé devient capable de se représenter intérieurement des objets qu'il ne peut voir, entendre ou toucher. Il sait dorénavant que les objets existent, même s'il ne les voit pas. C'est ainsi, par exemple, qu'il peut supporter temporairement l'absence de sa mère.

La formation d'images mentales commence réellement avec l'imitation différée, c'est-à-dire avec cette nouvelle capacité qu'a l'enfant d'imiter, après coup, des actions qu'il a observées. Vers 2 ans, le petit utilise des symboles pour exprimer ces images mentales ; par exemple, un bout de bois représente un camion, des morceaux de papier figurent une salade, etc. C'est le début de nombreux jeux d'imitation qui permettent à l'enfant de mieux saisir la réalité tout en l'apprivoisant en fonction de ses désirs. En jouant à « faire semblant », il développe tout un bagage de symboles qui expriment ses fantasmes. Les jeux symboliques sont extrêmement importants, car ils ouvrent la porte à tous les apprentissages.

Les attitudes parentales jouent un grand rôle dans le développement de la représentation imagée chez leur enfant. Si l'amour et les stimulations sont des ingrédients essentiels à son épanouissement, il faut reconnaître que les frustrations et les limites qu'on lui impose sont tout aussi utiles. Que fait un enfant qui, pour avoir une glace, doit attendre que son père ait fini de s'occuper de sa sœur ? Il imagine la glace ! Il la crée, à une ou à deux boules, à la fraise ou au chocolat, et il anticipe le plaisir qu'il aura à la manger. En somme, le délai entre le désir et la satisfaction de ce désir permet à l'enfant d'ébaucher une image mentale qui lui fait supporter la frustration de l'attente. De plus, cela lui donne l'occasion d'anticiper la scène où il mangera finalement sa glace.

Or, l'anticipation du plaisir est à la base de la motivation. Mais il faut tout de même que l'enfant ait l'occasion d'anticiper quelque chose ! Si l'on satisfait immédiatement toutes ses demandes, l'enfant aura une faible capacité d'anticipation et de représentation.

Loin de moi l'idée d'inciter les parents à frustrer systématiquement leurs petits dans le but de stimuler leur imagination ! L'enfant doit attendre un peu avant de voir son désir satisfait, mais l'adulte doit tenir ses promesses pour rester digne de confiance à ses yeux. Il faut doser les délais et, surtout, ne pas reporter constamment la satisfaction du désir; cela ne fait que provoquer d'inutiles colères et peut même diminuer la motivation de l'enfant.

Images du passé et du futur

Au cours des premières années du développement, ce sont les images mentales «reproductives» qui occupent la place dominante. Ces images traduisent en pensées des objets ou des événements. Elles constituent l'essentiel de la mémoire, qui est *sensorielle* et *séquentielle*.

La *mémoire sensorielle*, dite aussi mémoire simple, est un instantané du passé dont le contenu peut être visuel, auditif, kinesthésique et même olfactif. Cette mémoire ne dure que quelques secondes avant que le cerveau en sélectionne les éléments pertinents pour les enregistrer dans la mémoire à court terme.

La *mémoire séquentielle* nous permet de reproduire mentalement une succession de gestes, d'actions et d'événements passés, selon un ordre logique et causal. C'est grâce à cette mémoire que l'enfant peut raconter une sortie ou une histoire, imiter une personne, etc. Mais il ne faut pas s'attendre à ce que l'enfant soit habile à utiliser la mémoire séquentielle avant l'âge scolaire. La reproduction mentale des séquences auditives et visuelles joue toutefois un rôle-clé dans toutes les matières à l'école.

On sait que l'enfant peut emmagasiner une foule de connaissances grâce aux images mentales qui permettent de conserver ces connaissances. Or, pour mémoriser, il faut être motivé et maîtriser des stratégies. L'enfant accepte de conserver en mémoire ce qu'il apprend quand il projette de s'en servir plus tard. C'est la même motivation qui nous incite à déposer de l'argent à la banque; si nous ne pensions pas nous en servir un jour, cela n'aurait aucun sens!

Les images mentales ne servent pas uniquement à conserver en mémoire ce que l'on a appris. Grâce à elles, l'enfant peut garder le souvenir de personnes qui lui sont chères ou d'événements qui l'ont rendu heureux. Tout l'amour et les soins que ses parents lui prodiguent sont conservés dans sa mémoire comme de précieux trésors. Lorsque l'enfant connaîtra des difficultés ou des échecs, il pourra puiser l'énergie nécessaire dans sa «boîte à images», pour résoudre ses problèmes et garder espoir face à l'avenir. Il pourra aussi employer ses réserves affectives pour aimer à son tour d'autres personnes.

Finalement, l'enfant d'âge scolaire accède graduellement à des images mentales «anticipatives», qui permettent de prévoir des séquences de moyens, d'étapes et de stratégies, en fonction d'un résultat anticipé. Cette habileté est essentielle quand l'enfant, par exemple, doit faire un travail de recherche en respectant une échéance précise. Les images mentales anticipatives s'appuient sur la mémoire, ce «magasin général» qui contient toutes les habiletés et les connaissances que l'enfant a acquises et qui lui serviront à atteindre ses objectifs.

« *Je l'ai sur le bout de la langue* »

Combien de fois avez-vous prononcé cette phrase lorsque vous cherchiez le nom d'une personne, d'une rue ou d'une ville? Cette recherche ou cette tentative de repêchage est parfois embarrassante, par exemple si vous ne vous rappelez plus le nom de la personne qui vient de vous aborder et qui bavarde avec vous comme si elle vous connaissait depuis toujours. Une telle scène provoque dans la mémoire un branle-bas de combat, une recherche frénétique d'indices qui vous permettraient de repêcher le nom de cet interlocuteur.

Cette frustration ressemble à celle que j'ai vécue au printemps dernier, pendant une excursion de pêche, au moment où un gros poisson venait enfin de mordre à un appât que j'avais choisi avec un soin scientifique. Après un combat épique, j'avais réussi à l'approcher à un mètre de ma chaloupe lorsque, sournoisement, d'un coup de queue, il réussit à s'échapper. «Je l'avais sur le bout de la ligne», dis-je à mes frères. J'étais très frustré. J'aurais tellement aimé contempler des lueurs de jalousie dans leurs yeux! Mon poisson a disparu, de la même manière que les mots de vocabulaire de Bruno, cet enfant qui a de la difficulté avec l'orthographe. Dans les deux cas, il y a un problème dans les stratégies de repêchage. En utilisant plusieurs hameçons, peut-être aurais-je pu repêcher mon poisson. Si Bruno utilisait plus d'une stratégie de repêchage, sans doute obtiendrait-il de meilleures notes en dictée.

Qu'est-ce que la mémoire?

La mémoire est une fonction par laquelle s'opèrent dans l'esprit la conservation et le retour d'une connaissance acquise antérieurement. Pour mieux comprendre cette fonction complexe, on peut la comparer à une bibliothèque. Les fournisseurs apportent des livres sur des sujets variés : c'est le stockage. Le bibliothécaire utilise un système de classement logique (une stratégie) pour retrouver facilement les livres. S'il les place sur les tablettes par exemple selon l'ordre chronologique des achats et qu'un client lui demande un titre précis, il ne le retrouvera pas facilement (le repêchage).

Dans le stockage des livres, le bibliothécaire doit utiliser des systèmes de classification, de cotes et de références pour être efficace. C'est le même phénomène pour la mémoire. En effet, le stockage de l'information et des connaissances doit être bien organisé pour que le repêchage soit facile. Pour retrouver des souvenirs ou des renseignements dans sa mémoire, il faut des stratégies ou des moyens, et ceux-ci sont efficaces si, au préalable, le stockage de ces souvenirs a été bien organisé. La mémoire n'est pas parfaite ; il en sort moins de choses qu'il n'en rentre. Le client ne peut sortir le livre que si celui-ci est bien classé. Autrement, à bout de patience et frustré, il quitte la bibliothèque les mains vides.

Les sortes de mémoire

Les spécialistes contemporains classent la mémoire selon trois niveaux : la mémoire sensorielle, la mémoire à court terme et la mémoire à long terme.

La *mémoire sensorielle* : Avez-vous idée de la somme de stimulations avec lesquelles vous êtes en contact durant une heure ? Il est impossible de quantifier les multiples stimulations visuelles, auditives, olfactives, cutanées, kinesthésiques, gustatives, etc. En plus, il n'est pas souhaitable que nous soyons conscients de tous ces stimuli. Notre équilibre psychologique et physique en serait bouleversé. La mémoire sensorielle n'opère que quelques secondes pour chaque stimulus. Elle est comme un magasin qui a pour fonction de retenir le surplus de l'information sensorielle qui ne peut être traitée ou stockée immédiatement. Les stimulations qui ne sont pas retenues se désagrègent rapidement. La mémoire sensorielle sert de filtre à la mémoire à court terme. L'enfant qui a un trouble déficitaire de l'attention éprouve souvent de la difficulté dans le filtrage des diverses stimulations.

La *mémoire à court terme* : C'est sur ce plan qu'on a réalisé le plus d'études. On exerce cette mémoire notamment à l'heure des leçons. Si on présente à l'enfant un dessin, un mot ou des chiffres et qu'on les cache, leur image tend à s'estomper après 10 à 12 secondes si elle n'est pas répétée ou pratiquée. Les façons de les stocker ou de les fixer dans la mémoire sont très importantes. La mémoire à court terme peut contenir jusqu'à sept informations en moyenne en même temps. Par exemple, ceux qui sont bien exercés peuvent retenir jusqu'à neuf chiffres non ordonnés, nommés l'un à la suite de l'autre. Celui qui est moins efficace en retiendra cinq. Pour bien apprendre, on doit mettre l'accent sur cette mémoire qui, lorsqu'elle est bien organisée, favorise les repêchages ultérieurs.

La *mémoire à long terme*: Ce ne sont pas toutes les informations emmagasinées dans la mémoire à court terme qui deviendront accessibles dans la mémoire à long terme. Comment se fait-il que certains souvenirs de notre enfance demeurent vivaces tandis que d'autres scènes ont été complètement effacées? Il serait trop long de répondre ici à cette question mais, chose certaine, certaines informations emmagasinées dans la mémoire à long terme sont toujours disponibles tandis que d'autres ne sont accessibles qu'une partie du temps. Cette sorte de mémoire a une structure en perpétuel changement tandis qu'elle intègre de l'information nouvelle. L'acquisition de nouvelles connaissances exige que l'organisation de la mémoire soit constamment révisée. C'est un processus semblable à l'achat de nouveaux meubles pour le salon. Un nouveau sofa nous oblige à déplacer les chaises, le téléviseur, les tables et les lampes. Parfois on doit jeter ou remiser un meuble moins utile. Qu'est-ce qui vous reste des meubles et des accessoires décoratifs que vous aviez achetés il y a 20 ans? Qu'est-ce qui vous reste des souvenirs de votre enfance? C'est le contenu de votre mémoire à long terme.

Des problèmes de mémoire... pourquoi?

Voici une liste des principaux facteurs qui provoquent les problèmes de mémoire, tant chez l'adulte que chez l'enfant.

- *Le trouble déficitaire de l'attention.* L'enfant girouette est facilement distrait, de sorte qu'il n'arrive pas à se concentrer sur les informations qu'il pourrait stocker dans sa mémoire.

- *Les préoccupations psychologiques.* Lorsque quelque chose nous tracasse de façon lancinante, nous ne pouvons nous concentrer sur les informations susceptibles d'être emmagasinées.

- *Le manque de motivation.* La preuve est faite que nous retenons davantage d'informations au cours d'activités qui nous intéressent ou qui nous passionnent.

- *Le manque de stratégies.* Voilà un facteur très important, notamment chez les jeunes qui présentent des difficultés d'apprentissage. Combien d'enfants et d'adultes ne disposent pas de stratégies pour mémoriser ?

- *Le stress.* L'anxiété de performance devient parfois envahissante et source d'inhibition. Cela occasionne, par exemple, les trous de mémoire durant des examens.

- *Le refoulement.* Les expériences désagréables ou traumatisantes, réelles ou imaginaires, cessent souvent d'être accessibles à la conscience afin de préserver notre équilibre psychologique.

- *Des traumatismes crâniens ou des interventions neurochirurgicales.* Ces événements dramatiques peuvent occasionner une amnésie partielle ou totale.

Cependant, au-delà des problèmes, la mémoire commence par se développer lorsque l'enfant évoque des images mentales. C'est à partir de ces images qu'il peut ensuite mémoriser.

Aider son enfant à gérer sa banque d'images

Antoine de la Garanderie, grand pédagogue français, a mis en lumière les mécanismes de fonctionnement des images mentales. Pour ma part, je ne désire que m'inspirer de quelques-uns des principes qu'il a énoncés pour proposer des moyens de favoriser l'émergence d'images mentales chez les enfants.

- La première étape consiste à soutenir l'attention de l'enfant, car c'est là la porte d'entrée des images mentales. Au cours d'une activité, il faut éliminer les distractions susceptibles de déconcentrer l'enfant de sa tâche. Toute activité présente des caractéristiques visuelles, auditives ou les deux à la fois. Les enfants, comme les adultes, n'apprennent pas tous de la même façon. Si l'enfant perçoit plus facilement les informations visuelles, il importe d'attirer son attention sur les caractères visuels de la tâche à accomplir; s'il est plutôt de type auditif, il faut centrer son attention sur les caractères sonores de l'information. D'autres jeunes doivent manipuler les objets pour en saisir les caractéristiques physiques. Par exemple, pour mémoriser des mots de vocabulaire, on incitera l'enfant visuel à photographier chaque mot en lui faisant décrire les caractères visuels des lettres; l'enfant auditif épèlera plus facilement les mots parce qu'il est sensible aux caractéristiques phonétiques; et l'enfant à tendance kinesthésique (c'est-à-dire porté à apprendre par manipulations concrètes) sera plus intéressé à manipuler des lettres mobiles ou à écrire le mot.

- La deuxième étape, dite d'évocation, est très importante pour conserver en images le nouvel apprentissage. Il est essentiel d'inciter l'enfant à emmagasiner les informations dans sa tête, de lui faire comprendre que ces nouvelles connaissances lui serviront plus tard et de lui montrer comment elles lui rapporteront des dividendes. À ce stade, on lui demande ce qu'il voit ou entend dans sa tête. Il est très important de laisser suffisamment de temps à l'enfant pour qu'il évoque des images, de préférence en se fermant les yeux.

• Au cours de la troisième étape, l'enfant doit réfléchir à l'information évoquée. On peut l'aider en faisant des liens avec une autre notion ou avec une règle apprise. Par exemple, le mot « petit » prend un « t » parce qu'au féminin on dit « petite ».

• La quatrième étape, dite de mémorisation, permet de consolider et de conserver l'apprentissage en vue d'un usage futur. La mémoire n'est pas magique. Il faut aider l'enfant à découvrir des stratégies en faisant des associations phonétiques, visuelles, sémantiques et même kinesthésiques.

Voici d'autres stratégies pour faciliter le stockage et le re-pêchage des informations et des connaissances de votre enfant.

• Il faut favoriser un contexte où il y a peu de distractions et éviter autant que possible les interférences. Par exemple, il est difficile de mémoriser un numéro de téléphone si, au même moment, quelqu'un vous demande un service.

• Les éléments du commencement et de la fin d'une série se mémorisent mieux que ceux du milieu. Par exemple, si l'enfant doit mémoriser des tables de multiplication, il vaut mieux commencer de temps en temps par les mul-tiples de 6 et de 7 pour que ceux-ci prennent la première place dans sa mémoire, au lieu de toujours se retrouver au milieu.

- Il faut bien connaître le style cognitif de l'enfant pour lui proposer de bonnes stratégies de mémorisation. S'il apprend plutôt de façon globale et synthétique, en privilégiant l'entrée visuelle, il est opportun de lui faire visualiser les informations par des schémas, des dessins, et de lui faire remarquer les caractères visuels des informations. Mais s'il apprend plutôt de façon séquentielle, analytique, en privilégiant l'entrée auditive, il est recommandé de lui faire répéter les mots, de les épeler, d'utiliser aussi des comptines et des chansons.

- Si, en un endroit de la liste à mémoriser, on introduit un élément très différent des autres, l'enfant se rappelle mieux les éléments voisins. Par exemple, on lui fera entendre le tintement d'une clochette immédiatement avant ou après des mots difficiles dans une série de mots à mémoriser.

- La stratégie la plus efficace consiste à faire des associations logiques ou même fantaisistes entre les divers éléments à mémoriser. Par exemple, dans la mémorisation des mots, l'enfant pourra retenir dans un bloc associatif ces trois éléments : paysan, herbe, cheval. Il peut aussi faire des associations de sons : plafond, mouton, carton. Le plus important, c'est que l'enfant puisse créer en lui des images mentales visuelles ou auditives grâce aux associations. Le repêchage en est ensuite grandement facilité. Cela est plus efficace quand c'est l'enfant lui-même qui trouve ou invente les associations. Même si celles-ci vous semblent bizarres ou non logiques, elles ont de fortes chances d'être efficaces.

- Les informations ou connaissances qui ont un sens se mémorisent plus facilement. On peut aider l'enfant à élaborer une structure sémantique, même avec des mots

disparates comme ceux-ci : maison, papier, vagabond.
Ceux-ci sont plus faciles à mémoriser dans ce contexte :
« le vagabond a échappé un papier près de ma maison ».
Il est possible de mémoriser des centaines de mots grâce
à cette stratégie.

- Les nouvelles informations doivent être répétées, mais
en élargissant l'intervalle entre chaque tentative. Il faut
user de dosage pour soutenir sa motivation.

- Plus l'enfant maîtrise de stratégies, meilleures sont ses
chances de repêcher de façon efficace les informations et
les connaissances acquises, tout comme un pêcheur qui
aurait plusieurs hameçons à sa ligne.

- Enfin, il est important de souligner qu'en plus de soutenir tous les apprentissages, les images mentales et la
mémoire soutiennent également la créativité de l'enfant.
Le langage, l'écriture, les jeux symboliques, les activités
corporelles et les arts plastiques sont autant de façons
d'exprimer son imagination et d'affirmer son identité.
C'est ainsi que l'enfant redonne, à sa façon, les richesses
qu'il a reçues des adultes.

COMMENT SOUTENIR LA CRÉATIVITÉ DE MON ENFANT?

▼

Un petit garçon s'en allait un jour à l'école. C'était un tout petit garçon et c'était une grande école. Un matin, après quelques jours passés à l'école, l'enseignante annonça: « Aujourd'hui nous allons faire un dessin. » « Parfait! » pensa le petit garçon. Il aimait dessiner des lions, des tigres, des poules, des bateaux. Il sortit sa boîte de crayons et se mit à dessiner. Or, l'enseignante dit: « Attendez que tout le monde soit prêt... Maintenant, nous allons dessiner des fleurs. » « Parfait! » se dit le petit garçon. Il aimait dessiner des fleurs et se mit à en dessiner avec ses crayons roses, oranges et bleus. Mais, une fois de plus, l'enseignante dit: « Attendez, je vais vous montrer comment! » Elle se mit à dessiner une fleur rouge avec une tige verte: « Voilà, dit-elle. Maintenant vous pouvez commencer. »

Le petit garçon regarda la fleur de l'enseignante, puis les siennes. Il préférait ses fleurs à lui, mais ne dit rien. Il retourna sa feuille et se mit à dessiner une fleur identique à celle de l'enseignante, rouge avec une tige verte.

Un autre jour, l'enseignante dit: « Aujourd'hui, nous allons faire quelque chose avec de la pâte à modeler. » « Parfait! » pensa le petit garçon. Il aimait la pâte à modeler. Il pouvait en faire toutes sortes de choses : des serpents, des bonhommes de neige, des éléphants, des souris, des voitures, des camions, et il se mit à modeler sa boule de pâte. Or l'enseignante dit : « Attendez que tout le monde soit prêt. Maintenant, dit l'enseignante, nous allons faire des assiettes. » Et l'enfant se mit à en faire quelques-unes de toutes les formes et de toutes les tailles. Or, l'enseignante dit : « Attendez ! Je vais vous montrer comment ! » Et elle montra à tout le monde comment faire une assiette creuse. « Voilà, dit-elle, maintenant vous pouvez commencer. »

Le petit garçon regarda l'assiette de l'enseignante, puis les siennes. Il préférait ses assiettes à lui, mais ne dit rien. Il roula sa pâte à modeler pour en refaire une boule et il fabriqua une assiette identique à celle de l'enseignante. Une assiette creuse.

Très vite, le petit garçon apprit à attendre, à regarder et à faire les choses de la même manière que l'enseignante. En peu de temps, il ne fit plus rien tout seul. Puis un jour, le petit garçon et sa famille déménagèrent dans une autre ville, et le petit garçon changea d'école.

Dès son premier jour dans cette école, l'enseignante annonça : « Aujourd'hui, nous allons faire un dessin ! » « Parfait ! » pensa le petit garçon, et il se mit à attendre que l'enseignante lui dise quoi faire. Or, celle-ci ne disait rien, se contentant de se promener dans les allées entre les pupitres.

Arrivée à côté du petit garçon, elle lui demande :

— Veux-tu faire un dessin ?

— Oui, répond-il. Qu'est-ce qu'on va dessiner ?

— Je ne le saurai pas tant que tu n'auras pas fait ton dessin ! répond l'enseignante.

— Comment vais-je le dessiner? demande l'enfant.

— Comme tu veux, voyons! lui répond l'enseignante.

— Avec n'importe quelle couleur? lui demande-t-il.

— Bien sûr, lui dit la jeune femme. Si tout le monde faisait le même dessin et utilisait les mêmes couleurs, comment saurais-je qui a fait quoi?

— Je ne sais pas, répond le petit garçon. Et il se met à dessiner une fleur rouge avec une tige verte…[3]

Cette histoire illustre bien la réalité d'un grand nombre d'enfants chez qui l'école a fait disparaître la créativité spontanée. Albert Einstein disait: « C'est un miracle que l'éducation moderne n'ait pas étouffé la saine curiosité de la recherche et la créativité; car cette petite plante délicate, outre la stimulation, a surtout besoin de liberté. Sans cela, elle court tout droit à sa ruine. » Pour sa part, Jean Piaget s'interrogeait: « Combien de petits Einstein ont été assassinés à l'école? »

La créativité, une valeur à la baisse?

La plupart des adultes considèrent que la créativité est la chose la plus importante dans le développement global de l'enfant mais, dans la réalité, on assiste à un déclin graduel de cette qualité chez les jeunes qui fréquentent l'école. Quelles sont les causes de ce phénomène? En voici quelques-unes:

• *La rigidité des programmes*. Tous les élèves doivent passer par le même chemin, dont les balises ont été fixées par les adultes. Les besoins, les rythmes individuels d'apprentissage et les différents styles cognitifs sont peu considérés. On leur demande de s'adapter à une structure préétablie;

---

[3] Adaptation de *L'histoire du petit garçon* paru dans *Un bol de bouillon de poulet pour l'âme*. Montréal: Éditions Sciences et Culture, 1997.

mais l'inverse se fait très peu. Au lieu de suivre les élèves, on suit avant tout les programmes.

- *La quantité d'objectifs à atteindre*. Les enseignants du primaire doivent poursuivre trop d'objectifs d'apprentissage par année. C'est la course contre la montre. Ils ont peu de marge de manœuvre pour laisser les enfants s'exprimer, s'approprier les savoirs à leur rythme et faire des projets créatifs.

- *Le nombre d'examens sommatifs*. Malgré la réforme de l'enseignement, les élèves passent encore près de 30 jours par année à faire des examens, lesquels laissent très peu de place à la créativité. Ces journées pourraient être utilisées plutôt pour des activités motivantes et de nouveaux apprentissages.

Les examens sont des sources d'inquiétude pour les adultes et une source de stress pour les enfants. Or, un excès de stress élimine le plaisir et bloque la créativité. Beaucoup trop d'enfants subissent les examens au lieu de les percevoir comme des défis à relever ou des sources de satisfaction.

Les enseignants sont aussi piégés que les élèves par ce système. Heureusement, la dernière réforme scolaire propose des solutions à ce problème, puisqu'elle veut rendre l'élève plus actif dans ses apprentissages. En participant davantage, il deviendra plus responsable et pourra choisir ses modes d'apprentissage selon son rythme et ses centres d'intérêt. Il ne sera plus contraint à être un réceptacle passif d'un enseignement magistral, mais il sera incité à participer à des projets stimulants à l'intérieur desquels pourront s'intégrer de nombreux apprentissages significatifs. On l'invitera également à s'exprimer et à laisser libre cours à sa créativité tout en favorisant les projets collectifs. Cette nouvelle approche éducative — l'apprentissage coopératif — favorisera la créativité.

Qu'est-ce que la créativité?

Le mot « créativité » évoque aussitôt la capacité de faire surgir quelque chose de nouveau. Entendue dans son sens large, elle réfère à une invention, une idée, une technique ou un projet innovateur et original.

La créativité est l'une des plus belles manifestations de l'estime de soi. En effet, l'enfant ou l'adulte conscient de sa valeur est plus porté à prendre des initiatives, à oser faire des choses, à s'exprimer personnellement pour réaliser une tâche ou pour résoudre un problème. C'est par l'estime de soi et la créativité que toute personne peut rompre les rapports de dépendance et faire éclater ses inhibitions. La créativité est en quelque sorte l'expression de la couleur personnelle et originale de l'identité d'une personne.

La créativité peut être de deux sortes: subjective ou objective. On parle de créativité subjective lorsque, de son propre point de vue, on a inventé quelque chose de nouveau, même si cette découverte n'est pas considérée par les autres comme originale ou innovatrice. Par exemple, je me souviens d'avoir inventé une forme d'échafaudage pour peindre un plafond. J'étais très fier de mon ingéniosité, pour me rendre compte ensuite que d'autres avaient déjà réalisé un tel échafaudage. Cette forme de créativité n'est pas négligeable, car elle apporte indéniablement un sentiment de valorisation, un sentiment d'accomplissement personnel. La créativité objective est moins fréquente. Elle consiste en une idée nouvelle, en une découverte originale ou en une œuvre qui constitue une nouveauté pour les autres personnes. Cette forme de créativité est très valorisante et augmente l'estime de soi, car non seulement elle procure un sentiment d'accomplissement, mais elle est valorisée par l'entourage.

Pour comprendre encore mieux la nature de la créativité, il faut rappeler l'existence de deux modes de pensée : la pensée divergente et la pensée convergente.

La *pensée convergente*, la plus favorisée dans l'enseignement classique, implique qu'on impose à l'élève une attitude et une démarche qui l'amènent à une réponse ou à une production prévue par l'adulte. Dans l'histoire du début, le petit garçon s'est senti obligé de dessiner une fleur rouge avec une tige verte. Des milliers d'élèves apprennent rapidement à répondre ou à produire exactement ce que les adultes veulent entendre ou lire. La pensée convergente fait appel presque uniquement à l'imitation, qui est l'une des deux bases principales de l'apprentissage, l'autre étant le jeu. Cette forme de pensée favorise chez les élèves la dépendance, la passivité et le conformisme, tout en réduisant l'imaginaire et la créativité.

En revanche, la *pensée divergente* est à la base de la créativité. Elle se manifeste dans des activités d'apprentissage où il n'y a pas une réponse unique. L'élève doit faire une recherche pour imaginer diverses stratégies et diverses solutions. On le laisse expérimenter et même tâtonner. Cette approche pédagogique est centrée sur la démarche ou le processus d'apprentissage, et laisse à l'élève la possibilité de se tromper. En s'auto-corrigeant, l'enfant découvre d'autres stratégies. Il devient ainsi plus autonome et il acquiert la capacité de modeler ce qu'il apprend. Bref, il apprend à apprendre.

Cette pédagogie active encourage l'expression personnelle et la créativité. Elle mise aussi sur le jeu comme base d'apprentissage. Tout en étant source de plaisir, le jeu permet à l'enfant d'intégrer, à son rythme, des habiletés et des connaissances qui lui resteront longtemps.

Il y a des nuances à faire entre la créativité et l'expression artistique. En effet, l'art suppose nécessairement de la créativité :

l'expression artistique est fondamentalement unique et originale. L'art a parcouru l'histoire de l'humanité; même les humains de la préhistoire ressentaient le besoin de dessiner sur les murs. Or, la créativité peut s'exprimer sans activité proprement artistique. Toute nouveauté est créativité; par exemple, inventer une manière plus facile ou plus efficace de réaliser une tâche, c'est faire preuve de créativité.

Les activités créatives ne sont pas l'apanage de ceux qui réussissent le mieux à l'école. J'ai rencontré beaucoup d'enfants créatifs qui n'obtenaient pas de bonnes notes et qui étaient pénalisés par des exigences trop rigides de la part des adultes. La créativité suppose une certaine souplesse intellectuelle: elle se retrouve fréquemment chez les enfants doués, mais ceux-ci n'en ont pas l'exclusivité.

Comment se manifeste la créativité?

Torrance [4] est un chercheur qui a déterminé que la personne créatrice avait quatre grandes caractéristiques:

La fluidité. L'enfant est capable d'imaginer un grand nombre de stratégies et d'hypothèses, de solutions face à un problème ou d'idées sur un thème.

La flexibilité. L'enfant fait preuve de souplesse intellectuelle. Il est capable de tâtonner, de se corriger, de faire plusieurs essais en utilisant différentes stratégies. Par élimination, il finit par choisir celle qui lui semble la plus adéquate.

L'originalité. L'enfant fournit des réponses ou produit des choses qui sortent de l'ordinaire.

---

[4] TORRANCE, E.P., *Torrance Test of Creative Thinking*. Princeton: Personnal Press, 1996.

La diversité. L'enfant travaille ses idées, les nuance et embellit à sa façon ses productions. Il fournit un grand nombre de détails pour enrichir sa réponse ou sa production.

Il est important de souligner que l'être créatif est capable d'accepter les erreurs. Face à l'erreur, l'enfant créatif ne remet en question ni son intelligence ni ses capacités personnelles. Au contraire, l'erreur l'encourage à prendre d'autres initiatives et à persévérer pour atteindre son but. Les adultes peuvent favoriser cette détermination en lui laissant une marge de liberté, en ayant confiance dans ses capacités et en respectant ses motivations et son rythme.

L'importance de la créativité dans le développement de l'enfant

C'est souvent par la créativité que l'enfant donne vie et sens à son environnement. On constate, curieusement, que cette créativité décline souvent au fur et à mesure que l'être humain vieillit. Le bébé qui explore son environnement manifeste beaucoup de créativité dans ses découvertes. La créativité est encore active, quoique moins fréquente, chez les enfants d'âge scolaire; elle diminue pendant l'adolescence et disparaît souvent chez des adultes qui se contentent de s'imiter ou de se répéter.

Au cours de l'existence humaine, la créativité est comme la flamme d'une bougie qui finit par vaciller et s'éteindre. Pour éviter qu'elle ne se consume, la créativité doit être stimulée durant l'enfance. C'est d'autant plus important qu'elle constitue un besoin pour l'enfant et le signe d'une bonne santé psychologique. Elle augmente son estime de soi en le confirmant dans sa valeur intrinsèque.

Les activités créatives constituent pour l'enfant des occasions privilégiées d'exprimer son imaginaire, ses fantasmes, ses sentiments, ses besoins et ses conflits conscients ou inconscients. La créativité est un exutoire grâce auquel l'enfant socialise et sublime ses pulsions, trouve des solutions à ses problèmes et résout les conflits intériorisés. Par les activités créatives, l'enfant apprend à mieux se connaître (ses forces, ses qualités, ses difficultés, ses limites) et construit ainsi son identité personnelle. Il en vient aussi à accepter ses différences par rapport aux autres. En étant conscient de ses capacités, l'enfant peut se permettre de faire éclater ses inhibitions. Il peut ainsi s'ouvrir au monde.

L'école, pour sa part, a tout avantage à favoriser la créativité chez l'élève, notamment par une pédagogie de projets. En effet, la créativité stimule à la fois le développement socio-affectif et cognitif. Elle lui permet d'apprendre à apprendre, développe sa souplesse intellectuelle et l'incite à diversifier ses stratégies d'apprentissage.

Devenu adulte, l'élève qui aura profité d'une pédagogie centrée sur la créativité sera plus autonome et polyvalent, moins conformiste et davantage capable de résoudre les problèmes dans sa vie et dans son travail. Mais surtout, sa flamme de créativité ne sera pas éteinte. Il sera alors capable de transmettre sa vitalité à ses enfants.

Quelques conseils pour valoriser la créativité

Ces conseils se rapportent surtout à la vie en classe, mais certains s'adressent aussi aux parents. Pour valoriser la créativité chez un enfant, il faut :

- établir des règles de conduite qui assurent sécurité et bien-être à l'enfant ;
- appliquer une discipline incitative (qui valorise les comportements positifs) plutôt que répressive ;
- témoigner sa confiance dans les capacités qu'a l'enfant de prendre en main ses responsabilités scolaires ;
- le rassurer sur ses talents ;
- soutenir et valoriser les idées nouvelles et les productions originales ;
- démontrer soi-même de la créativité pour demeurer un modèle d'identification ;
- donner le droit à l'erreur et faire comprendre qu'ainsi, il ou elle peut découvrir ou inventer d'autres stratégies ;
- amener l'enfant à prendre conscience de ses erreurs pour éviter qu'il les répète trop souvent ;
- favoriser une pensée critique et interroger l'enfant pour qu'il précise sa pensée, qu'il remette en question des idées préconçues ;
- proposer des problèmes fictifs ou réels en encourageant l'enfant à inventer plusieurs hypothèses de solution et à évaluer la pertinence de chacune ;
- lui accorder suffisamment de temps pour qu'il élabore ses idées ou ses projets ;
- centrer les interventions surtout sur la démarche d'apprentissage et réduire le stress de performance ;

- encourager la créativité dans toutes les matières scolaires;
- créer un climat d'acceptation et de respect des différences;
- accepter l'humour de l'enfant;
- l'aider à faire des choix personnels et valoriser les comportements autonomes;
- encourager l'apprentissage coopératif.

COMMENT AUGMENTER LE SENTIMENT D'APPARTENANCE DE MON ENFANT FACE À SON ÉCOLE ?

▼

Après les heures de classe, un groupe de garçons âgés de 7 à 10 ans jouent au hockey dans la rue en face de chez moi. Ils répètent chaque fois le même rituel : ils installent les filets, toujours à la même distance, forment des équipes et déterminent les règles du jeu. Jérémie semble être le *leader* du groupe. Avec charme et autorité, il fait appliquer les règles et résout les différends. Les enfants jouent avec ardeur et passion, comme si le destin de l'humanité en dépendait. De l'extérieur, leurs stratégies de jeu semblent désordonnées ou erratiques, mais la partie se déroule sans trop d'anicroches, selon une logique qu'ils comprennent entre eux.

Les jeux spontanés entre enfants constituent une précieuse source d'apprentissages, mais ils sont beaucoup moins fréquents qu'autrefois. En effet, les enfants d'aujourd'hui passent beaucoup de temps dans des groupes organisés par les adultes (services de garde, écoles, activités parascolaires, etc.). De plus, ils ont des horaires si chargés que les initiatives, la libre créativité et les jeux spontanés n'occupent plus une place suffisante dans leur vie. La famille d'aujourd'hui, plus petite qu'avant, ne peut répondre seule aux besoins de socialisation des enfants ;

ceux-ci vivent donc de plus en plus dans des milieux extra-familiaux qui sont souvent trop structurés.

L'être humain est naturellement social et grégaire. L'adhésion à un groupe revêt une grande importance et comble un besoin inné de socialiser. L'école est un lieu privilégié de socialisation. Par la fréquentation scolaire, l'enfant se libère progressivement de sa dépendance affective à l'égard de ses parents et tisse des relations amicales en dehors de sa famille. Il développe avec ses pairs une nouvelle identité. Il n'est plus aimé gratuitement et inconditionnellement, comme c'est le cas avec ses parents. Il doit apprendre à se faire aimer et à aimer les autres. Il découvre les règles et les valeurs de la vie en groupe, qui sont différentes de celles de sa famille, et comprend l'importance de les respecter pour se faire accepter.

Avec la fréquentation scolaire, on assiste à un certain déclin de l'influence parentale. L'autorité des enseignants amoindrit celle des parents et nuance l'identification aux parents, qui étaient idéalisés. Ayant acquis la pensée opératoire et le raisonnement logique, l'enfant devient plus ouvert aux apprentissages scolaires et sociaux. Le fait de coopérer dans un groupe est essentiel pour l'avenir d'un enfant; les premières relations qu'il tisse avec ses camarades modèlent celles qu'il vivra au fil des années. Ces relations sociales ont souvent plus d'importance pour l'enfant que les matières enseignées en classe.

L'importance du groupe

On reconnaît trop peu l'importance des interactions avec les camarades comme base du développement intellectuel et, surtout, de l'éclatement de l'égocentrisme de l'enfant. Avant 6 ou 7 ans, il est normal que l'enfant soit centré d'abord sur ses besoins immédiats, sur ses idées et sur ses opinions, et qu'il ne considère pas les points de vue des autres. En général, les jeunes enfants jouent les uns à côté des autres, mais rarement ensemble et dans un but commun. On assiste alors à des « coopérations », c'est-à-dire à des opérations ludiques parallèles. Chacun joue individuellement, sans grand souci de partage et de véritable coopération.

Vers l'âge de 7 ans, avec l'avènement de la pensée logique et l'acquisition de la structure mentale de réciprocité, l'égocentrisme commence à éclater et l'enfant a accès à la réciprocité des points de vue, base de la conscience sociale et de l'empathie. N'étant plus uniquement centré sur la satisfaction de ses désirs, l'enfant découvre les sentiments, les opinions et les points de vue de l'autre. Grâce à cette nouvelle capacité intellectuelle, une véritable coopération devient possible. Son raisonnement évolue grâce aux relations qu'il établit avec ses camarades dans un groupe, et grâce aux échanges d'idées et d'opinions. L'enfant modifie ses désirs et son point de vue, et les adapte à ceux des autres, dans un climat de réciprocité. L'interaction avec les adultes ne permet pas toujours cela puisqu'elle favorise davantage la soumission et l'obéissance.

Grâce au groupe, l'enfant peut nouer des relations tout en développant un sentiment d'appartenance. Il peut saisir les relations logiques et causales entre ses actions et les conséquences sur la vie de groupe. Il devient capable d'ajuster ses contributions personnelles en fonction d'un objectif collectif; il en arrive donc à développer une conscience sociale.

La conscience sociale

La conscience sociale est essentiellement la capacité de décoder et d'interpréter les comportements des autres. L'enfant doit se dégager graduellement de son égocentrisme pour acquérir cette habileté. En effet, il doit se décentrer de lui-même pour être capable de prendre conscience de la présence des autres et apprendre à décoder les signaux que sont les attitudes, les gestes et les paroles de ses camarades afin d'adapter son comportement à la réalité sociale.

Certains enfants, rejetés ou dominateurs, sont difficilement acceptés par leurs compagnons justement à cause de leur difficulté à se décentrer d'eux-mêmes et à tenir compte des sentiments, des idées et des opinions de leurs camarades. Ces enfants n'ont pas appris à répéter les comportements approuvés par leurs pairs (sourires, gentillesse, partage, coopération et générosité) et à inhiber ceux qui sont désapprouvés (agressivité, refus de partage, domination, recherche d'attention pour soi). Trop d'enfants manifestent une difficulté persistante à tenir compte de leurs camarades et à adapter leurs comportements en fonction de la réalité sociale qui les entoure. Faisant preuve de peu de conscience sociale, ils sont souvent rejetés par leurs camarades.

L'estime de soi sociale

La conscience de la valeur qu'un enfant s'attribue sur le plan social se développe par la socialisation et se concrétise par l'appartenance à un groupe. L'enfant doit en venir à se considérer comme important aux yeux des autres et à voir les autres comme étant importants à ses yeux afin d'avoir une bonne estime de soi sociale.

Les enfants exercent les uns sur les autres une influence que les adultes n'ont pas entre eux. Dans ses relations avec ses camarades, l'enfant expérimente des rôles de dominance, de partage et de coopération, il apprend à assumer des responsabilités pour le groupe et, grâce aux réactions et aux jugements de ses camarades à son égard, il en vient à évaluer ses forces et ses difficultés de façon réaliste. Il apprend à se comparer aux autres. Le jugement qu'il porte sur ses qualités et ses capacités personnelles est intimement lié aux comparaisons qu'il établit avec les enfants de son groupe. Il compare ce qu'il réussit avec ce que les autres réussissent, et il en arrive à se représenter ses capacités de façon à nourrir ou à amoindrir son estime de soi. Ainsi, l'image que l'enfant se fait de lui-même est très influencée par la façon dont il est jugé par ses compagnons; d'où l'importance de l'aider à coopérer et à socialiser.

Comment se construisent les amitiés et les groupes d'enfants ?

Avant la fréquentation scolaire, le jeune enfant se choisit un compagnon de jeu qui a les mêmes intérêts que lui pour des activités précises. C'est cet intérêt qui détermine ses choix, et non pas l'identité du compagnon. L'enfant change d'ailleurs de partenaire selon l'activité qu'il pratique. Ce partenariat est la forme d'amitié la plus instable et la plus superficielle; il est à noter que des adultes vivent parfois ce type de relations sociales.

Entre 6 et 12 ans, l'enfant devient plus soucieux de se faire accepter de l'autre en tant que personne unique, surtout par un enfant du même sexe. Il prend conscience de l'importance de respecter les règles du groupe et surtout d'éviter de provoquer le rejet des autres. L'enfant devient plus sélectif dans ses choix, particulièrement dans ses amitiés. À cet âge, les amis intimes se forment surtout par dyades. Le choix d'un ami se fait sur la base de caractéristiques individuelles (accueillant, gentil, fiable, serviable, drôle, etc.) qui sont valorisées de part et d'autre. L'ami intime est souvent le confident, celui qui partage préoccupations et secrets. Les amis intimes s'aident mutuellement, ils ont du plaisir à être ensemble et ils élaborent parfois des projets communs. Toutefois, ce type d'amitié n'est pas très fréquent.

Filles et garçons ont tendance à se lier plus spontanément avec des jeunes du même sexe. Cette ségrégation sexuelle est plus évidente entre 7 et 10 ans. Des recherches démontrent qu'il y a moins de solidarité et de cohésion dans les groupes de filles. Ceux-ci sont généralement moins hiérarchisés et moins organisés que les groupes de garçons. Les filles sont plus portées à l'amitié intime, car elles valorisent davantage que les garçons les compétences relationnelles et les capacités de dialogue et d'empathie. Les garçons accordent beaucoup plus d'importance aux compétences techniques et à la compétition.

Dans les groupes d'enfants, il y a des amis sociaux qui ne sont pas des amis véritables. Ce type de relations amicales se limite à un partage d'activités communes. Ces amis sont souvent imposés par les adultes dans le cadre de groupes scolaires ou de loisir. Plus l'enfant participe à des activités avec les mêmes camarades, plus il a l'occasion de vivre une véritable amitié avec certains d'entre eux. Malheureusement, étant donné que les groupes sont constitués en fonction des activités scolaires et parascolaires, il y a un manque de stabilité et de continuité dans les relations sociales que l'enfant établit.

Même si la majorité des groupes sont imposés et structurés par les adultes, des sous-groupes d'amis peuvent se développer spontanément. Les camarades deviennent pour l'enfant des modèles ou des repères qui lui servent à adapter son comportement, des sources de valorisation et d'estime de soi; le sentiment d'appartenance à un groupe d'amis devient un antidote au sentiment de solitude sociale.

Entre 7 et 12 ans, le groupe d'amis permet de prolonger et de compléter les habiletés sociales que les parents ont transmises à leurs jeunes enfants. Chaque enfant doit apprendre à se faire une place au sein du groupe. Les adultes doivent soutenir cette insertion sociale en transmettant les valeurs de respect des différences, de résolution pacifique des conflits, de générosité et de coopération.

Dans ses relations sociales, l'enfant doit apprendre à s'adapter aux règles d'un groupe, à s'affirmer et à assumer des responsabilités pour son groupe d'appartenance et avec lui. Finalement, grâce à l'appui du groupe, l'enfant peut se dégager de son égocentrisme en développant une conscience sociale, en maîtrisant ses pulsions et en mettant ses habiletés particulières au service d'une collectivité.

L'école, un milieu de vie

Vous souvenez-vous de vos années à l'école primaire ? Si oui, il y a fort à parier que vos souvenirs sont surtout d'ordre social ou relationnel. Du moins, tous les adultes auxquels j'ai posé cette question ont répondu qu'ils se souviennent de tel ou tel camarade, d'événements importants comme des spectacles de fin d'année ou des expositions. Rares sont ceux qui se souviennent des contenus précis des programmes scolaires. Les bons moments nourris par des échanges humains chaleureux ont plus tendance à se conserver que les apprentissages purement didactiques. Et en général, plus les relations sont significatives avec les enseignants et les camarades, meilleur est le rendement scolaire.

Le sentiment d'appartenance à l'école est l'un des principaux facteurs préventifs de l'abandon scolaire. C'est aussi un besoin très important pour l'élève. Par exemple, si vous dites à votre enfant de 9 ans que vous comptez déménager et changer de quartier, il protestera de façon véhémente. Il affirmera d'emblée qu'il ne veut pas changer d'école ni perdre ses amis. Les enfants sont souvent plus conservateurs et attachés à leur milieu social que les adultes. Et ce phénomène est encore plus fort chez les adolescents.

Le sentiment d'appartenance à un milieu est intimement lié au développement de la socialisation. Au fur et à mesure que l'enfant grandit, les camarades prennent de plus en plus d'importance au détriment des parents et servent d'antidote au sentiment de solitude sociale. Ce dernier aspect est très important. En effet, malgré tous les moyens de communication dont nous disposons aujourd'hui, de nombreux spécialistes constatent que les jeunes souffrent plus qu'auparavant de solitude. On peut se sentir seul quand on ne se sent pas important aux yeux des autres. L'école est un instrument privilégié pour favoriser le développement de la socialisation chez les enfants et l'affirmation d'un sentiment d'appartenance à un milieu. Cette mission est aussi importante que la transmission de la connaissance.

Certaines écoles réussissent bien à créer un climat où il fait bon vivre. À preuve, les vives protestations des parents et de la population des quartiers et des villages lorsqu'on envisage de fermer leur école. On leur arrache alors quelque chose qui est essentiel à leur réseau social.

Des indices révélateurs

Comment se manifeste le sentiment d'appartenance de l'élève à son école ?

- Le premier indice est un sentiment de bien-être et de détente que l'élève ressent face à l'école. L'enfant a hâte d'y aller et, en général, ce n'est pas pour les cours, mais pour ses camarades et pour les adultes qui sont là et qu'il aime. Il sent qu'il fait partie d'un groupe social. L'important, ce n'est pas tant le nombre d'enfants qui composent le groupe que la fréquence et la qualité des relations de connivence qui existent entre eux.

- L'élève ressent de la fierté face à son école. Il en parle souvent et il en vante les mérites. Gare à celui qui ose dénigrer son école !

- Il se sent responsable et utile face aux autres. L'enfant a la conviction qu'il joue un rôle important au sein du groupe par ses attitudes et sa contribution personnelle. Ce sentiment augmente son estime de lui-même.

- Il se sent solidaire des autres. Il est prêt à épauler ses compagnons lorsque le groupe fait face à une difficulté.

- Il participe activement aux activités, aux projets et aux décisions de son groupe d'amis. Il se sent ainsi valorisé.

- Il respecte l'ameublement et le matériel mis à la disposition de l'ensemble du groupe.

D'une discipline répressive à une discipline incitative

Le sentiment d'appartenance se construit au fur et à mesure que l'enfant tisse des relations positives et significatives avec ses compagnons et les adultes. L'enfant se sent respecté quand les intervenants scolaires lui reconnaissent des qualités et des forces. Il peut ressentir un sentiment de confiance, de bien-être et d'appartenance à son école quand celle-ci prône une discipline incitative.

Or, la grande majorité de nos écoles, publiques ou privées, sont surtout répressives. En effet, dans la majorité des écoles, ce sont malheureusement les comportements dérangeants ou ceux qui sont jugés négativement qui attirent l'attention et auxquels les adultes consacrent temps et énergie. J'ai constaté le même phénomène dans la majorité des familles que j'ai connues. Ainsi, on consacre beaucoup d'énergie à réprimer des comportements jugés négativement et on accorde peu d'importance aux actions positives ou aux conduites adaptées.

Ce phénomène génère souvent un climat de méfiance et d'hypocrisie. En effet, les élèves découvrent rapidement que le meilleur moyen d'attirer l'attention des adultes est de s'opposer aux règles établies ou de les transgresser.

Une conception de l'éducation

Depuis plusieurs générations, l'éducation des enfants met trop l'accent sur les manques, sur les lacunes et sur les fautes. Tout parent a un projet éducatif pour son enfant, consciemment ou non. Je demande parfois aux parents de décrire la manière dont ils voient leur enfant dans vingt ans. Ils expriment d'abord leur désir qu'il soit heureux pour ensuite décrire leurs attentes ou leurs espérances. Ils ont tendance à encourager certains apprentissages et comportements, et à réprimer ceux qui vont à l'encontre de leurs propres espérances. Cette situation, somme toute assez normale, comporte quand même le risque que les parents cherchent à faire disparaître les comportements qu'ils jugent négativement.

L'éducation des enfants ne se limite pas à une simple transmission d'habiletés et de connaissances. Elle doit surtout satisfaire les besoins de développement et transmettre des valeurs humaines, altruistes et morales. Tout enfant a besoin d'amour, de stimulation et de sécurité pour être capable d'apprendre et pour conquérir son autonomie. Il a aussi besoin de fermeté pour arriver à percevoir ce qui est acceptable et ce qui ne l'est pas dans ses gestes et dans ses paroles en rapport avec les valeurs de son milieu. Cependant, ces valeurs seront beaucoup mieux intégrées si on encourage les comportements qui vont dans le sens des valeurs qu'on veut transmettre au lieu de simplement réprimer les comportements déviants.

Une discipline constructive doit s'inspirer d'une philosophie éducative et d'un climat qui accorde autant d'importance aux comportements positifs qu'à ceux qui dévient des valeurs et des règles. Il est essentiel qu'il y ait concertation entre les parents, la direction de l'école et les enseignants pour faire le virage vers une discipline de ce type. Cela peut se réaliser en respectant trois grands principes dans l'application du code de vie de l'école. Ces trois principes sont décrits dans la loi des trois « R ».

La loi des trois «R»

Reconnaissance: Il est très important de souligner concrètement les comportements positifs, trop souvent passés sous silence. Bien des élèves posent quotidiennement des gestes positifs ou font preuve d'un comportement adapté, sans qu'on leur accorde suffisamment d'attention. Pour développer l'estime de soi, il est souhaitable qu'on confirme les gestes positifs des élèves par une reconnaisance verbale ou des privilèges afin que ces élèves servent de modèles à ceux qui ont plus de difficulté à s'adapter.

Réparations. Par ce principe, on incite l'élève à réparer ses paroles ou ses gestes négatifs par des conséquences logiques. L'effort de réparation doit être au moins aussi grand que celui qui a été fourni dans l'écart de conduite. On amène ainsi l'élève à interagir avec les autres ou avec l'environnement sur un mode autre que négatif. À la suite de la réparation, il est important que l'adulte souligne à l'enfant la première action positive qu'il pose, pour le confirmer dans sa valeur.

Rachats. Beaucoup d'écoles s'inspirent du code de sécurité routière (les points d'inaptitude) dans l'application du code de vie. Par exemple, au début de chaque étape du calendrier scolaire, chaque élève a 25 points en banque. Selon l'importance des transgressions des règles du code de vie, il perd un ou plusieurs points. Seuls les élèves qui n'ont perdu qu'un petit nombre de points peuvent participer à une activité-récompense, par exemple assister à un spectacle. Malheureusement, certains élèves, après une ou deux semaines, ont déjà perdu tant de points qu'ils ne peuvent déjà plus espérer voir le spectacle. Ils constatent rapidement qu'ils n'ont plus rien à perdre et leurs comportements déviants augmentent alors facilement. Tout en étant incitatif, le rachat est le seul moyen d'améliorer la situation de cet élève qui peut donc racheter des points perdus en s'engageant à ne pas transgresser un certain nombre de règles pendant une période déterminée. Dans cette situation, on peut penser que l'élève manipule le milieu par son attitude conformiste, et cela uniquement pour racheter des points. Mais le plus important, ce sont les comportements positifs que suscite le rachat et qu'on souligne. De plus, l'élève peut ainsi faire la preuve, à soi et aux autres, qu'il est capable d'un comportement adapté.

Rachat veut dire pardon. Peut-on pardonner à un élève? Peut on lui donner une seconde chance? Peut-on miser sur ses forces ou son potentiel d'adaptation ? Il me semble que tout élève a droit à l'erreur. On accepte plus facilement l'erreur dans l'apprentissage que dans le comportement. Si on ne parvient pas à pardonner à un élève, ce dernier, plus tard, ne pardonnera pas aux enseignants. Quand cet élève sera parent, il ne pourra pas excuser les maladresses des enseignants, car ses frustrations du passé seront réactivées et projetées sur l'enseignant de son enfant. Il rejouera son conflit d'antan. C'est ce que je constate malheureusement chez des parents qui ont une agressivité démesurée face aux intervenants scolaires. Pour autant, pardonner ne veut pas dire oublier. En effet, si un élève manifeste des difficultés persistantes dans son comportement, malgré les rachats dont il a pu profiter, il est essentiel qu'on l'aide à s'adapter par un plan d'intervention personnalisé.

Le passage d'une discipline répressive à un climat incitatif doit se faire à partir de notre conception de l'éducation, et de notre croyance aux forces vives et à la faculté d'adaptation de l'enfant. Ce dernier est-il foncièrement méchant et faut-il réprimer ses bas instincts ? Ou, au contraire, l'enfant est-il en apprentissage, en devenir, et a besoin que nous lui transmettions des valeurs de façon positive, tout en le sécurisant par des règles de conduite ? Ce sont ces questions que les parents, la direction et les enseignants doivent se poser ensemble pour donner un sens au projet éducatif et au code de vie de l'école. Cela favorise un sentiment d'appartenance.

D'autres manières de favoriser le sentiment d'appartenance à l'école

Voici d'autres caractéristiques observées dans les écoles qui savent créer chez les élèves et leurs parents un fort sentiment d'appartenance.

- La direction de l'école doit exercer un *leadership* réellement démocratique, non seulement avec les enseignants, mais aussi avec les élèves et les parents.

- Plus la population d'élèves est difficile et hétérogène, plus il est important que la direction et les enseignants forment une équipe solide et cohérente. On ne peut pas transmettre aux autres ce qu'on ne vit pas soi-même.

- Les intervenants scolaires doivent bien comprendre la dynamique du quartier dans lequel se situe leur école et, surtout, savoir ce que les élèves vivent en dehors de l'école.

- Dans cette perspective, ils doivent avoir des échanges réguliers avec les organismes et les institutions du quartier, avec les intervenants communautaires, les autorités civiles et religieuses, etc. Il est important qu'ils connaissent l'histoire et les caractéristiques démographiques du quartier.

- L'école doit élaborer et appliquer un projet éducatif en harmonie avec les valeurs et les attentes exprimées par les enseignants et les parents.

- Ce projet éducatif doit prendre la forme d'un processus dynamique, souple et ouvert. Il est important qu'il y ait des échanges réguliers entre les enseignants et les parents pour réajuster ou améliorer ce projet. Les parents et les élèves doivent s'y reconnaître d'une année à l'autre.

- Il est essentiel que les parents et les élèves soient accueillis chaleureusement à l'école. Les enseignants sont aimés d'abord pour ce qu'ils sont sur le plan humain, avant d'être appréciés comme professionnels.

- On ne peut songer à créer un sentiment d'appartenance envers l'école si on n'élabore pas des projets collectifs concrets qui favorisent la participation active de tout le monde. Cela peut prendre la forme d'un gala, d'une pièce de théâtre, d'une campagne d'aide à un pays défavorisé, d'une exposition, etc. La conception et l'organisation du projet doivent être réalisées après avoir consulté l'ensemble des participants.

- L'école doit offrir une diversité de loisirs et d'activités parascolaires dont les enfants peuvent profiter. Ainsi, l'école ne sera plus perçue uniquement comme une institution d'enseignement, mais plutôt comme un milieu de vie et un prolongement de la famille.

- Il est important que les parents sentent que l'équipe-école a leur bien-être et celui de leurs enfants à cœur et qu'elle est liée à eux, et non pas uniquement aux administrateurs de la commission scolaire.

Soulignons, enfin, que le fait de créer un sentiment d'appartenance à l'école suppose aussi qu'on accepte les différences et que, par exemple, on s'occupe d'intégrer les enfants et les parents d'ethnies différentes. L'école doit être ouverte à la diversité des richesses de l'humanité.

Comment tisser de bonnes relations de coopération avec les intervenants scolaires?

▼

Toute réforme en éducation insiste sur l'importance d'une participation active des parents à la vie scolaire de leurs enfants. Ainsi, on veut établir des liens étroits entre la famille et l'école dans la poursuite de projets éducatifs. Pour leur part, les parents désirent certainement que leurs enfants reçoivent un enseignement de qualité. Ils souhaitent donc établir et conserver de bons rapports avec l'école, et apporter une contribution personnelle au cheminement scolaire des enfants. Cependant les parents, même animés des meilleures intentions, risquent de se heurter à certains obstacles.

La remise du bulletin représentait, il y a plus de quarante ans, le seul moment où les parents mettaient vraiment les pieds à l'école et, malgré la brièveté de cette incursion, il existait un rapport de confiance réciproque entre les parents et l'institution. Le système de valeurs et la philosophie éducative de l'école recevaient l'appui du clergé et des notables, et cela rassurait les parents.

Les changements profonds apportés au système scolaire dans les années soixante ont donné l'impression à beaucoup de parents qu'ils perdaient le contrôle de ce qui se passait à l'école. Pourtant, le Québec s'est doté d'un système plus démocratique dans lequel les parents ont un rôle de premier plan à jouer. De nouvelles structures, comme le conseil d'établissement, ont été mises en place pour favoriser une collaboration étroite entre les parents et l'école.

Malgré cela, les communications restent difficiles. Il y a donc lieu de chercher le pourquoi de cette situation. Penchons-nous d'abord sur les facteurs qui favorisent, à l'heure actuelle, l'établissement d'une meilleure relation parents-école.

Facteurs qui favorisent la communication

- Il existe une nouvelle génération de parents qui, bien que minoritaires, s'engagent davantage dans la vie scolaire de leurs enfants. On retrouve bon nombre de ces parents dans les écoles alternatives. Ils participent à la plupart des activités et voient à la régie interne des écoles qui les sollicitent.

- Selon une étude récente, plus de 80 % des parents sont insatisfaits du rôle strictement consultatif auquel on les confine. Ils veulent donner leur opinion et avoir de l'influence sur des questions de fond qui ont trait à la vie scolaire de leurs enfants.

- Plusieurs parents tiennent à ce que les valeurs véhiculées à la maison et à l'école soient en harmonie. Ils désirent participer, avec les intervenants scolaires et les jeunes, à l'élaboration d'un projet éducatif qui permette d'atteindre cet objectif.

- Les parents, particulièrement ceux qui ont de jeunes enfants, s'intéressent de près à la vie scolaire. Plusieurs d'entre eux sont membres de conseils d'établissement ou participent à des activités qui demandent leur collaboration.

- On propose aux parents des séances d'information sur les méthodes pédagogiques et sur des questions de programme et de discipline. Ces séances leur permettent de se sentir moins dépourvus durant la périodes de devoirs et de leçons, et de mieux comprendre les propos et les comportements de leurs enfants relativement à la vie scolaire.

- Les parents dont les enfants connaissent des difficultés d'apprentissage ou d'adaptation éprouvent le besoin d'aller chercher un soutien auprès des enseignants et des autres intervenants de l'école. De cette façon, ils se sentent moins seuls et moins démunis.

- La séparation enfant-parents est parfois difficile. Certains parents font du travail bénévole à l'école pour contrer cette difficulté. Le bénévolat ne règle pas le problème en profondeur, mais il peut sécuriser les parents et l'enfant, et contribuer à la vie de l'école.

- Il y a un certain nombre de mères qui, ne travaillant pas à l'extérieur de la maison, font du bénévolat à l'école. Leur contribution les valorise et l'école devient souvent un deuxième milieu de vie.

- Beaucoup de parents, surtout des mères, participent aux sorties et aux événements spéciaux organisés par l'école. Les enfants apprécient que leurs parents accordent de l'importance à leur vie scolaire.

- Il est bon que parents et enseignants entretiennent de bons rapports. Cependant, il faut veiller à garder une certaine distance afin de permettre à l'enseignant de parler de l'enfant en toute objectivité.

- Certains enseignants déploient beaucoup d'efforts afin d'établir des contacts plus réguliers avec les parents.

Outre la remise du bulletin, ils favorisent la participation des parents en organisant des expositions de travaux, des pièces de théâtre, des sorties, des séances d'information sur divers thèmes, etc.

- Nombre d'enseignants s'efforcent d'entrer en contact avec les parents par le biais des cahiers de productions de l'enfant ou par téléphone. Malheureusement, leurs efforts sont souvent vains.

- Dans la plupart des écoles, on informe régulièrement les parents de tout ce qui se passe : fonctionnement de l'école, événements spéciaux, etc. On consulte les parents quand des mesures spéciales sont envisagées pour leurs jeunes.

Facteurs qui nuisent à la communication

Regardons maintenant certains facteurs susceptibles de nuire à la communication entre les parents et l'école.

- Plusieurs parents, surchargés et épuisés par leur vie professionnelle et familiale, délèguent à l'école une bonne part de leur responsabilité éducative.

- Ce sont souvent les parents scolarisés, articulés et dynamiques qui participent aux rencontres à l'école. Les moins scolarisés ou les plus timides s'imaginent à tort qu'il faut être instruit pour contribuer à la vie scolaire de leur enfant et ils se sentent souvent démunis face aux autres parents et à l'école.

- Bon nombre de parents croient qu'ils ne peuvent pas se prononcer sur les attitudes éducatives des enseignants, sur les prises de position de leurs syndicats, sur les programmes, sur l'organisation du transport scolaire, etc.

Ils estiment qu'ils n'ont pas la moindre influence sur ces questions et ils se sentent relégués à un rôle passif. Malheureusement, cette perception est souvent justifiée par la réalité.

• Plusieurs parents ne se font pas personnellement confiance et ils s'en remettent, de façon inconditionnelle, aux intervenants scolaires et aux autres parents qui les représentent.

• Certains parents évitent de collaborer à la vie de l'école parce qu'ils ne partagent pas les mêmes valeurs que les enseignants ou celles des autres parents.

• Il peut arriver qu'un parent n'ait pas liquidé de vieux griefs face à sa propre vie scolaire. Il risque de projeter ses préjugés sur l'enseignant et sur l'école en général en adoptant une attitude agressive ou vindicative.

• Lorsqu'un enfant éprouve des difficultés d'apprentissage ou de comportement, il peut arriver que l'enseignant en attribue trop facilement la faute aux parents. À l'inverse, si un enfant travaille bien, le mérite en revient trop souvent à l'enseignant. Dans ces conditions, il peut arriver que les parents se sentent jugés; il devient alors difficile d'établir un climat propice au dialogue.

• Certains intervenants scolaires considèrent que les parents sont un mal nécessaire et ils réduisent au minimum leurs rencontres avec eux. Ils prétextent un surplus de tâches alors qu'ils ont souvent peur d'être interrogés ou remis en question. Il est possible que certains parents contestataires ou intrusifs aient contribué à créer cette situation.

• Les parents immigrants évitent souvent de participer à la vie scolaire de leur enfant à cause de la barrière linguistique et culturelle, ou par peur d'être incompris ou rejetés. Leurs coutumes et leurs valeurs peuvent être différentes de celles qui sont vécues à l'école.

Comment améliorer ces relations ?

Il est possible de corriger certaines situations et d'améliorer la collaboration entre tous les partenaires du milieu de l'éducation. Voici quelques propositions à cet effet.

- Trop peu de parents participent aux assemblées générales qui sont organisées. Une majorité d'écoles fait pourtant de gros efforts pour les attirer. C'est un problème qu'il faut aborder avec sérieux. Il semble pourtant y avoir une exception à cette règle : les parents sont nombreux à participer aux rencontres lorsqu'une personnalité est invitée, et lorsqu'il est question de violence et d'éducation sexuelle.

- L'école du quartier doit avoir une vocation communautaire et être un carrefour d'échanges multiples dans lequel la population se reconnaît. Elle doit accueillir des activités de loisirs et de sports, des expositions de toutes sortes et être ouverte à divers organismes.

- Les directions d'école doivent consulter davantage les parents. La consultation doit, par ailleurs, avoir préséance sur l'information.

- Légalement, ce sont les parents qui ont la responsabilité première des enfants. Cela n'empêche pas de devoir départager clairement, en ce qui concerne la vie scolaire, les responsabilités des divers intervenants. Le rôle des parents, par le biais du conseil d'établissement, est de fixer des objectifs qui sont en conformité avec le projet éducatif et de s'assurer qu'ils sont atteints. Les modalités et les moyens sont d'ordre pédagogique et appartiennent exclusivement aux directions d'école et aux enseignants. Il faut respecter ce partage pour établir une bonne relation.

- Le dialogue entre parents et directions d'école doit être direct.

- Les parents doivent recevoir plus d'informations sur la tâche des enseignants. Cela permet de faire disparaître plusieurs préjugés.

- Lorsqu'il y a lieu, il est important que les parents fassent des commentaires positifs aux enseignants, que ce soit verbalement ou par écrit.

- Certains enseignants devraient s'interroger davantage sur les facteurs susceptibles de nuire à leurs relations avec les parents. Ils devraient également faire savoir aux parents qu'ils apprécient leur compétence éducative.

Il est important de souligner qu'une saine collaboration entre les parents et l'enseignant est essentielle quand un enfant vit des difficultés persistantes d'apprentissage ou de comportement. Malheureusement, ce sont trop souvent dans ces circonstances que les relations se brouillent.

Au cours de mes années de pratique, j'ai rencontré des parents d'enfants en difficulté qui avaient eu des rencontres ardues avec les enseignants. Nous avons analysé ensemble la forme et le contenu de ces rencontres pour constater qu'elles avaient mal tourné parce que parents et enseignants, dans la majorité des cas, avaient été malhabiles dans leurs attitudes et dans leur façon de communiquer. Or, les uns et les autres sont les premiers artisans de l'éducation des enfants et il est essentiel qu'ils collaborent de façon harmonieuse.

La rencontre parents-enseignant

Au début de l'année scolaire, la majorité des parents assistent à une rencontre collective avec l'enseignant qui leur explique alors le fonctionnement de la classe, les exigences des programmes, la politique des devoirs et des leçons, les projets de sorties éducatives, etc. Les parents se font une première impression de l'enseignant sans pouvoir prétendre le connaître pour autant. Il en va de même lorsqu'ils se rendent à une première remise de bulletin et qu'ils ont une rencontre individuelle d'une quinzaine de minutes avec lui. Ils ne le connaissent toujours pas vraiment et celui-ci, de son côté, ne les connaît pas davantage.

À vrai dire, ce sont des « inconnus » qui se parlent lorsque l'enseignant téléphone aux parents ou lorsque ces derniers prennent contact avec lui pour organiser une rencontre au sujet d'une difficulté d'adaptation ou d'apprentissage de l'enfant. Des « inconnus » qui vivent de part et d'autre un même sentiment d'incertitude. Aussi est il important de prendre, dès le début, le temps de préciser ce que vit l'enfant et de déterminer l'objectif visé. Lorsque la difficulté de l'enfant est sérieuse et persistante, il est inutile d'entamer dès le départ une longue discussion sur les causes du problème et sur les solutions à apporter. Il vaut mieux prévoir une rencontre à cet effet, en déterminer à l'avance la durée et s'assurer qu'elle se déroulera dans un milieu où l'intimité et la confidentialité seront assurées.

Préparer la rencontre

- En premier lieu, il faut informer l'enfant de la rencontre prochaine avec son enseignant en évitant de le blâmer ou de le culpabiliser. Demandez-lui plutôt ce qu'il pense de sa difficulté et quels sont les moyens qu'il a utilisés pour la surmonter. Rassurez-le en lui disant que vous êtes déterminés à l'aider et que vous voulez collaborer positivement avec son enseignant. Dites-lui que vous lui ferez un compte rendu de la rencontre et que vous le consulterez sur les solutions qui ont été retenues.

- Demandez à votre enfant de vous parler des aspects positifs qu'il a observés chez son enseignant. Faites-le parler de lui à quelques reprises afin de l'apprivoiser à distance sur le plan psychologique. Renseignez-vous auprès de parents qui connaissent cet enseignant, en centrant votre attention sur les points positifs.

- Il est très important de vous préparer psychologiquement à cette rencontre. Ainsi, vous devez clarifier à l'avance le message essentiel à transmettre, les observations que vous voulez faire ainsi que les éléments de solution que vous envisagez. Vous devez également vous préparer à être à l'écoute de l'enseignant. Dites-vous qu'il peut vous transmettre des faits et des informations que vous ignorez. Finalement, soyez déterminé à terminer l'entrevue avec des solutions concertées et concrètes.

La rencontre

- Il est important d'arriver à l'heure au rendez-vous. Au début de la rencontre, prenez les moyens pour être à l'aise physiquement et psychologiquement. Installez-vous confortablement en face de l'enseignant et abordez la discussion avec un sujet qui ne concerne pas directement votre enfant. Si vous êtes tendus ou mal à l'aise, n'hésitez pas à le dire à l'enseignant.

- Amorcez ensuite la discussion sur le problème que vit votre enfant en précisant l'objectif de la rencontre. Appuyez vos propos de faits concrets en évitant le plus possible de recourir à des impressions ou à des jugements hâtifs.

- Prêtez attention aux informations et aux commentaires de l'enseignant. Demandez-lui de se baser sur des faits concrets pour décrire le comportement de votre enfant et sa manière d'apprendre.

- Certains propos peuvent vous heurter. Soyez attentif à vos sentiments. Si vous ressentez de la tension, dites-le à l'enseignant. Prenez un recul psychologique en restant centré sur les besoins de votre enfant.

- Prenez le temps de dire à l'enseignant quelles sont les forces et les qualités que vous percevez en lui, tant sur le plan de la relation qu'il a avec votre enfant que sur celui de l'apprentissage.

- Si vous vous rendez compte que vous n'avez discuté que des difficultés de l'enfant, n'hésitez pas à demander qu'on vous souligne également ses forces et ses qualités.

- Évitez le plus possible de faire des interprétations qui ne s'appuient pas sur des faits. Exprimez tout de même vos intuitions sans pour autant en faire des certitudes. Ce sont les parents qui connaissent le mieux leur enfant et leur connaissance est autant intuitive qu'objective. L'enseignant, de son côté, peut révéler des facettes de l'enfant que les parents connaissent peu et même pas du tout.

- Au cours de la discussion, concentrez-vous sur l'essentiel et revenez continuellement sur l'objectif de la rencontre. Il est aussi important que vous et l'enseignant arriviez à une perception commune des besoins de votre enfant. Pour y arriver, il faut que chacun des deux interlocuteurs fasse preuve d'ouverture face à l'autre en ne craignant pas de remettre en question certaines de ses opinions. Le partage d'une même perception des besoins de l'enfant est à la base de la collaboration.

Le dénouement de la rencontre

- Quand, avec l'enseignant, vous en arrivez à vous entendre sur les besoins de l'enfant et quand les difficultés sont cernées, passez à l'étape suivante et trouvez les moyens qui aideront l'enfant.

- En prévoyant ces moyens, veillez à ne pas envahir le champ des responsabilités de l'enseignant et évitez, par exemple, de lui suggérer des moyens didactiques ou des attitudes éducatives. L'inverse est tout aussi vrai et l'enseignant doit laisser aux parents leur rôle. Les moyens retenus doivent être concrets, précis et applicables à court terme, et ils doivent respecter les compétences et les responsabilités de chacun.

- Si vous avez convenu de rencontrer conjointement l'enfant, il serait opportun de prévoir cette rencontre en déterminant à l'avance ce que chacun va lui dire. Cela devra être équilibré afin que l'enfant ne considère pas que le plan d'aide est surtout l'affaire d'une seule personne. De plus, l'enfant doit pouvoir s'exprimer sur ses difficultés et sur les solutions qu'on lui présente. Il est essentiel qu'on lui fasse sentir qu'il doit assumer sa part de responsabilités dans son cheminement scolaire. Il faut lui signifier clairement que la difficulté est sienne et qu'on ne peut l'aider efficacement sans qu'il se prenne lui-même en charge.

- La rencontre doit se terminer par la décision de se revoir pour évaluer la pertinence des moyens prévus.

- Si vous n'êtes pas parvenus, avec l'enseignant, à une entente sur les difficultés de votre enfant, sur ses besoins et sur les moyens de l'aider, il faut proposer de reprendre la discussion en présence de la direction d'école.

Après la rencontre

Après avoir pris un certain recul affectif, il convient de visualiser mentalement le déroulement de la rencontre et sa conclusion. De plus, il faut en dégager les points importants : les difficultés de votre enfant, ses forces, ses besoins et les moyens que vous avez retenus pour l'aider. Mettez tous ces éléments par écrit, puis discutez-en avec votre enfant tout en l'assurant avec chaleur et fermeté de votre soutien. Aidez-le à prendre conscience de l'importance de son engagement personnel dans le plan d'aide. Il est important, enfin, que vous lui souligniez ses forces et ses qualités, et que vous lui disiez la confiance que vous avez dans ses capacités de surmonter ses difficultés.

Des pièges à éviter

La rencontre avec l'enseignant peut être très émotive et devenir une source de conflits dont l'enfant risque de faire les frais. L'enjeu est important et, pour éviter que la rencontre ne soit un échec, il faut déjouer certains pièges.

* Lorsque les parents constatent que leur enfant éprouve des difficultés, il est normal qu'ils se sentent parfois blessés et en état de désarroi. S'ils se sentent coupables et agressifs, ils risquent de vouloir chercher la cause des difficultés de l'enfant dans un mauvais enseignement ou dans une relation négative de l'enseignant avec l'enfant. Des attitudes accusatrices ont pour effet de mettre l'enseignant sur la défensive et la discussion qui s'engage devient ensuite un véritable dialogue de sourds. Il faut donc éviter de porter un jugement gratuit sur l'enseignant et faire attention aux attitudes qu'on adopte à son égard, qu'elles soient verbales ou non.

- Les parents sont parfois enclins à justifier le comportement de leur enfant. En agissant ainsi, ils nient le problème et ils cherchent à ne pas faire face à une réalité qui leur fait trop mal. Cette attitude empêche tout dialogue.

- Ces rencontres peuvent être très pénibles pour les parents qui ont eu des difficultés d'adaptation ou d'apprentissage dans leur enfance. Les difficultés vécues par leur enfant ouvrent de vieilles blessures quand celles-ci sont plus ou moins cicatrisées. L'enfant devient alors un miroir dans lequel les parents ne veulent pas regarder, car les images qui leur sont renvoyées sont trop douloureuses. Il y a des parents qui n'ont pas liquidé les vieux griefs qu'ils ont à l'égard des enseignants ou du système scolaire en général et qui projettent facilement sur eux une agressivité disproportionnée. Ils en arrivent vite à la conclusion que leur enfant n'est pas compris, tout comme eux-mêmes ne l'ont pas été.

- Certains parents sont convaincus de posséder la vérité et de connaître exactement la cause des difficultés de leur enfant. Ils veulent persuader l'enseignant du bien-fondé de leur opinion. On assiste alors à un jeu de pouvoir où chacun veut être le gagnant. Un autre dialogue de sourds.

- Il arrive que des parents se déprécient et croient que tous les torts sont de leur côté. Ils se culpabilisent et oublient que les causes des difficultés d'adaptation sont toujours multiples. Les théories psychanalytiques peuvent provoquer ces sentiments de culpabilité chez les parents, particulièrement chez les mères. Ces attitudes d'auto-accusation nuisent aux échanges et empêchent la collaboration de s'établir.

- On constate que certains parents font, consciemment ou inconsciemment, de l'« évitement ». Par exemple, ils cherchent à amener l'enseignant sur un autre sujet lorsque celui-ci évoque les difficultés de l'enfant. D'autres ne viennent tout simplement pas aux rendez-vous ou disent à l'enseignant qu'ils vont régler seuls le problème.

• J'ai observé, enfin, que certains parents tentaient de « séduire » l'enseignant en lui faisant des compliments ou en lui offrant des cadeaux. La plupart des enseignants ne sont pas dupes ; mais ces attitudes flatteuses peuvent quand même mettre mal à l'aise un enseignant inexpérimenté et l'empêcher de s'exprimer sur les aspects négatifs des enfants. Il est important de garder une certaine distance affective afin que chacun reste objectif.

Ces pièges sont de grands obstacles à la communication et les enseignants aussi peuvent s'y faire prendre. Quoiqu'il en soit, on se rend compte que, de façon générale, les rencontres parents-enseignants sont sources d'appréhension, car elles provoquent souvent des remises en question inconfortables. Les parents et les enseignants ont peur d'être jugés négativement.

Les seules attitudes à adopter, si l'on veut avoir des échanges constructifs, sont celles qui misent sur les forces respectives de chacun, de même que sur l'ouverture, la souplesse et le respect des responsabilités que chacun assume.

Il arrive trop souvent que parents et enseignants forment « deux solitudes ». Or, les rencontres entre ces deux groupes d'éducateurs sont les seuls moyens dont on dispose pour remédier à cette situation et pour les mettre en relation. Ces rencontres peuvent être très profitables pour tout le monde et, en particulier, pour les enfants. Elles les aident grandement si les adultes qui sont chargés de leur éducation font preuve de maturité et s'ils font passer leur amour des enfants avant tout le reste.

Une collaboration essentielle

Un enfant est heureux et satisfait quand il constate que ses activités ont de l'importance aux yeux de ses parents. Il est particulièrement touché quand ceux-ci s'intéressent activement à sa vie scolaire, c'est-à-dire à une portion de sa vie où ils ne sont pas présents physiquement. Les parents, en valorisant l'apprentissage de leur enfant et en le soutenant sérieusement dans son cheminement scolaire, contribuent vraiment à sa réussite à l'école.

L'élève a besoin de vivre une relation significative avec son enseignant pour s'engager dans son éducation et pour retenir ce qu'il apprend, et il a également besoin que ses parents aient des échanges avec lui. Vivant au sein d'un réseau relationnel dans lequel il tisse de multiples relations d'attachement et d'identification, l'enfant — contrairement à un adulte — n'isole pas et ne compartimente pas les personnes qui ont de l'importance à ses yeux ; parents, enseignants, éducateurs et amis sont réunis dans son cœur par les liens qu'il tisse avec eux. Il souhaite, consciemment ou non, que les adultes auxquels il s'est attaché à des degrés divers vivent entre eux des relations concrètes et positives.

Plusieurs recherches insistent sur le rôle important que joue la relation parents-enseignants dans le succès de l'enfant à l'école. Il faut renforcer cette collaboration entre éducateurs. Les enfants sont ceux qui en profitent le plus ! N'oublions pas que ce sont les adultes de demain !

Deuxième Partie

RÉSOUDRE

QUE FAIRE SI MON ENFANT A DES DIFFICULTÉS RELATIONNELLES AVEC SON ENSEIGNANT?

▼

Un matin de novembre, Valérie, 6 ans, se plaint de maux de ventre. Comme ses parents la pressent de partir pour l'école, elle déclare en pleurant qu'elle n'aime plus sa maîtresse. Les parents sont très surpris : rien ne laissait présager que Valérie avait des difficultés de cet ordre. En première année depuis deux mois, la petite était même très motivée, elle parlait avec enthousiasme de Thérèse, son enseignante, si gentille avec elle et ses camarades. Comment expliquer pareil revirement ?

À la fois tendres et rassurants, les parents invitent leur fille à se confier. Depuis quelques jours, apprennent-ils, Thérèse s'impatiente contre Valérie parce qu'elle est trop lente et qu'elle ne termine pas ses travaux en même temps que ses camarades. L'avant-veille, Thérèse l'a même retenue durant la récréation pour qu'elle termine des exercices. Valérie s'est sentie humiliée et frustrée de ne pouvoir aller jouer comme ses camarades. Elle supplie ses parents de ne pas parler de ce problème à Thérèse.

Ces derniers s'interrogent : Est-ce que Valérie dramatise ? Faut-il parler à Thérèse ? Si oui, comment l'aborder sans qu'elle se sente jugée ? Valérie ne risque-t-elle pas de lui devenir antipathique ? Pourquoi l'enfant est-elle lente ? Cette lenteur est-elle liée à son tempérament ou à de l'opposition camouflée ?

Si la mésentente perdure, Valérie risque-t-elle d'être démotivée pour longtemps ?

Face à toutes ces questions, les parents se sentent seuls, inquiets et démunis.

Aimer pour mieux apprendre

Les relations entre les enseignants et leurs élèves sont aussi complexes que celles des parents avec leurs enfants. La personnalité des gens en cause et ce que leurs relations sous-entendent de valeurs, de motivations, d'affinités, de limites et de vulnérabilité, tout cela joue pour beaucoup dans l'éducation, que ce soit à la maison ou à l'école. Les relations entre les enseignants et les élèves comportent un enjeu particulier : elles conditionnent en grande partie l'avenir scolaire et professionnel des jeunes. En effet, il est communément admis qu'un élève apprend d'autant mieux quand sa relation avec son enseignant est bonne. Rappelons-nous notre enseignant préféré et nos résultats scolaires de l'époque.

Peu d'adultes sont conscients de l'énorme défi que l'enfant de 6 ans doit relever pour s'adapter à sa première année scolaire. Pour la première fois, il fait réellement face à un système organisé et à des règles strictes : se mettre en rang après la récréation, lever la main avant de parler, être confiné à un espace d'un mètre carré, et tant d'autres exigences. La spontanéité en prend un coup ! Pendant quelque temps, le petit de 6 ans s'ennuie de la classe maternelle où les contraintes sont moins nombreuses.

L'enfant arrive à faire le deuil de la classe maternelle quand il réussit à établir une relation privilégiée avec son enseignant. Chaque jeune croit ou désire croire qu'il est le chouchou. Cette image rassurante lui permet de se détacher de sa petite enfance et de s'intéresser aux activités scolaires. C'était bien là le drame de Valérie : le fait d'être punie annulait son impression de vivre une relation privilégiée avec Thérèse.

Soulignons que les enfants idéalisent leur enseignant, ils en font même parfois un mythe. Tout ce qu'il dit prend force de loi. Pendant la période des devoirs et des leçons à la maison, les enfants répètent souvent que l'enseignant leur a dit de faire cet exercice de cette façon-là, et pas d'une autre !

La capacité d'aimer vraiment les jeunes et de leur être dévouée est sans doute la qualité première d'un enseignant. Cette capacité varie d'une personne à l'autre et ne peut être mesurée aussi facilement que les années d'ancienneté ou de scolarité. Ce n'en est pas moins la qualité la plus importante chez un enseignant, même si peu d'intervenants en milieu scolaire en font mention. Certains enseignants, même s'il ne s'agit que d'un faible pourcentage d'entre eux, n'ont pas cette capacité d'aimer les jeunes. Même dans la population en général, nombre de gens ont une attitude semblable.

La majorité des enseignants du primaire se voient confier des classes trop nombreuses. Ceux qui enseignent les deux premières années affrontent des conditions particulièrement difficiles. Comment réussissent-ils à enseigner les rudiments de la lecture, de l'écriture et des mathématiques à 24 élèves à la fois ? Que de temps, d'efforts et de patience ! Les enseignants doivent atteindre des objectifs très précis. Malgré leur dévouement et leur capacité d'aimer, il leur est parfois difficile de répondre adéquatement aux besoins affectifs de chaque enfant.

L'apprentissage : une affaire de cœur

« On apprend bien avec quelqu'un qu'on aime. » Cette phrase me revenait souvent en tête quand je faisais l'histoire scolaire des enfants qui m'étaient confiés pour leurs difficultés d'apprentissage. En effet, j'interrogeais toujours le jeune à propos de son cheminement scolaire avant de l'évaluer et je faisais de même avec ses parents. Dans la majorité des cas, les années qui avaient été les mieux réussies au plan scolaire étaient celles où les enfants avaient tissé des relations d'attachement ou de complicité avec leur enseignant. Je me plais souvent à dire que la qualité des apprentissages d'un élève est souvent largement conditionnée par la qualité de la relation qu'il vit avec son enseignant. Je suis conscient qu'une telle affirmation peut créer un malaise chez les enseignants à cause de la lourde responsabilité qui y est associée. Par contre, j'ai pu en constater la justesse à maintes reprises, notamment au cours de journées de formation professionnelle portant sur un programme de développement de l'estime de soi chez les élèves. Je demandais alors aux enseignants d'évoquer l'enseignant qu'ils avaient le plus aimé durant leur scolarité. En général, les participants ne se souvenaient pas des approches didactiques de l'enseignant significatif ; ils avaient plutôt en mémoire ses qualités relationnelles. Presque la totalité d'entre eux avaient obtenu leurs meilleurs résultats durant l'année où ils avaient vécu une relation d'attachement et de complicité avec cet enseignant.

Nos longues années d'école ont laissé des traces en nous, conscientes ou inconscientes, qui influencent nos perceptions et nos relations avec les milieux scolaires.

De la famille à l'école

À partir de 6 ans, l'école occupe une large place dans la vie de l'enfant. Elle joue un rôle déterminant quant à la qualité de sa vie future. Mais le passage entre la vie familiale et le monde scolaire ne se fait pas toujours en douceur. L'enfant découvre rapidement que les enjeux relationnels ne sont pas les mêmes. En effet, dans sa famille l'enfant se sent accepté inconditionnellement et il vit une relation gratuite et de profond attachement.

À l'école, il prend conscience que l'affection et l'attention qu'on lui porte sont presque impersonnelles et surtout qu'elles sont conditionnées par sa performance scolaire et, dans une moindre mesure, par son adaptation sociale. À l'école, il apprend qu'il peut se faire accepter et investir à condition qu'il puisse freiner son agitation motrice, taire ses sentiments, ses désirs et sa vie imaginaire pour se soumettre à des consignes, à des règles et à des procédures, le tout pour réaliser des apprentissages imposés par les adultes. Tout enfant veut se faire aimer et il doit payer le prix d'une partie de lui-même pour correspondre à ce que l'on attend de lui et ainsi avoir la chance d'être aimé. L'élève apprend à s'auto-évaluer à partir des images de lui-même que lui renvoient son enseignant et ses camarades. S'il se sent accepté et apprécié pour ses qualités et pour son individualité, son estime de lui-même se développe davantage. Malheureusement, on accorde beaucoup d'importance aux résultats scolaires pour juger de la valeur d'un élève. Plusieurs enfants aux prises avec des difficultés d'apprentissage en souffrent, ce qui provoque une diminution de leur estime d'eux-mêmes. La majorité des élèves prennent conscience qu'on les investit pour ce qu'ils font et beaucoup moins pour ce qu'ils sont. Quelques enfants vivent difficilement ce décalage entre la vie familiale et le monde scolaire, mais la plupart réussissent à investir ce nouveau monde, à tisser des relations de complicité et à se construire à travers des apprentissages qui les valorisent. Certains ingrédients relationnels sont essentiels pour que l'enfant vive un sentiment de bien-être et de valorisation à l'école.

Une enseignante sécurisante, chaleureuse et positive

L'enfant passe plusieurs heures avec son enseignante chaque jour. Il projette sur elle des besoins, des désirs et il lui arrive de ressentir de la crainte et de l'agressivité face à elle, car il représente une figure d'autorité. Même si les relations entre l'enseignant et l'élève peuvent être aussi complexes que celles entre les parents et l'enfant, elles ne sont pas nourries par un lien affectif depuis longtemps établi. Pour l'enfant, l'enseignant est l'un des premiers adultes qui lui renvoie une image objective de lui-même et de sa valeur personnelle, qui est généralement basée sur sa réussite scolaire. L'élève compare l'enseignant à ses parents, il peut s'identifier à lui et l'aimer, ce qui l'amène à vivre une certaine distanciation affective face à ses parents, un recul par rapport à ces derniers. Quels sont les facteurs qui favorisent une relation de complicité et d'attachement de l'élève avec son enseignant ?

- Celui-ci doit sécuriser l'enfant en lui faisant vivre de la stabilité dans le temps (les horaires des activités), dans l'espace, dans les procédures et dans les règles. Ces dernières doivent être concrètes, constantes et surtout conçues pour le protéger face à des agressions potentielles, physiques ou psychologiques. La fermeté et la constance de l'enseignant dans l'application des règles sécurisent l'élève. Tous les enfants apprécient une discipline à la fois ferme et juste. Par contre, la majorité des élèves souffrent d'insécurité quand l'enseignant crie souvent en classe. Ils peuvent être terrorisés, devenir fébriles ou se replier sur eux-mêmes pour se sécuriser même s'ils ne sont pas l'objet de la colère de l'enseignant. Certains peuvent aller jusqu'à se révolter ou adopter une attitude de résistance passive ; tout dépend de leur maturité, de leurs défenses et de leur équilibre émotif. L'enseignant sécurisant a le souci d'éliminer le plus possible d'éléments de stress chez l'élève afin de favoriser chez lui un état de détente et de disponibilité aux apprentissages.

- L'enfant est très sensible à l'image que l'enseignant lui renvoie de lui-même. Ainsi, il s'attachera à l'enseignant si celui-ci lui reconnaît des qualités, des forces et des talents, qu'ils soient scolaires ou autres. L'élève a besoin qu'on s'intéresse à lui en tant que personne unique, de savoir qu'il a le droit d'être différent des autres et qu'on l'apprécie justement à cause de cette différence. L'enseignant ne peut pas manquer son coup s'il souligne les habiletés et les qualités particulières de chaque enfant. Cette reconnaissance construit l'élève dans son estime de lui-même, lui confère une valeur personnelle, crée une motivation aux apprentissages et suscite l'attachement à l'enseignant. On sait que l'estime de soi est le meilleur facteur de prévention des difficultés d'adaptation et d'apprentissage.

• Il est très important que chaque élève perçoive que son enseignant a foi en ses capacités et qu'il lui manifeste sa foi en sa réussite.

• Aucun enfant ne veut demeurer anonyme. La relation de complicité est favorisée par une attitude chaleureuse et surtout par plusieurs petits gestes qui peuvent nous paraître banals mais qui ont de l'importance dans le cœur de l'enfant. Par exemple, tous les élèves sont sensibles au sourire de l'enseignant. Quand celui-ci sourit à un enfant dans le groupe, ce dernier se dit qu'il le fait juste pour lui. Il devient « amoureux » de son enseignant. Il abordera les apprentissages avec plus d'enthousiasme car ceux-ci se vivent dorénavant dans une relation de complicité. De petits gestes comme caresser les cheveux ou serrer l'enfant contre soi créent des petites étincelles de joie dans le cœur de l'élève. Ces gestes d'amour gratuits donnent à l'enfant l'envie de faire des efforts. Par contre, les mots qui blessent (par exemple « Tu es lent, têtu, paresseux », etc.) ont un effet destructeur chez l'élève. Ils sapent son amour-propre, sa fierté et son estime de lui-même.

- Nous vivons dans une société qui pratique de plus en plus le culte de la performance. Bon nombre de parents et d'enseignants exercent des pressions indues sur les enfants pour qu'ils obtiennent les meilleures notes. Ces derniers vivent alors un stress de performance qui fait baisser leur motivation. Ils sentent qu'ils doivent produire à tout prix. Par ailleurs, l'élève est rassuré par l'enseignant qui dédramatise les erreurs. Il se sent compris et respecté quand ce dernier lui fait comprendre que l'erreur fait partie du processus normal d'apprentissage. Tous les élèves apprécient l'humour de l'enseignant qui dédramatise les situations et qui favorise la détente.

- L'enseignant soucieux des réels besoins de l'enfant crée une relation de complicité avec ce dernier. Certains élèves ont de la difficulté à être attentifs et à fournir des efforts soutenus. Dans cet esprit, l'enseignant doit se montrer souple et varier les activités. De plus, les élèves ont besoin de ressentir du plaisir à vivre les activités scolaires; ils ont également besoin de les réaliser selon les rythmes d'apprentissage qui leur sont propres. L'enfant se sent accepté dans son individualité quand son enseignant respecte ces réalités.

Quelques causes de difficultés relationnelles

À cause de leur comportement, certains élèves ont des relations difficiles avec leurs enseignants. En effet, l'enfant hyperactif, agressif ou perturbateur peut facilement entrer en conflit avec l'enseignant et avec le personnel de l'école en général. Il en est de même pour l'enfant peu motivé par les tâches scolaires. Pareils comportements indisposent l'enseignant qui met toute son énergie à atteindre les objectifs d'apprentissage des programmes scolaires.

Inversement, le comportement de certains enseignants est susceptible de favoriser les conflits avec les enfants. Nombre de jeunes se plaignent du fait que certains enseignants parlent trop fort ou crient.

Il est tout à fait normal qu'on ressente une sympathie naturelle pour certaines personnes tandis que d'autres nous inspirent de l'antipathie. Ainsi, il peut s'installer une incompatibilité de caractère entre votre enfant et son enseignant. Sur un autre plan, des mots blessants adressés à un enfant sont l'une des principales causes de conflits. Un enfant qui se sent humilié ou qui est rabroué devant ses camarades peut facilement devenir hostile face à son enseignant ou vivre des sentiments de tristesse ou d'incompréhension.

L'enfant peut aussi ressentir de l'injustice si son enseignant applique à son égard des punitions exagérées ou s'il lui impose des attentes démesurées. De plus, il peut se sentir incompris si celui-ci intervient trop souvent envers lui de façon négative et s'il néglige de lui souligner ses bons coups.

J'ai rencontré des enfants qui avaient vécu humiliation et honte quand on les avait obligés de lire à haute voix un mauvais travail qu'ils avaient fait. De tels cas sont exceptionnels, mais ils existent quand même. L'enfant traité de la sorte risque de se révolter contre son enseignant. Heureusement, la grande majorité des enseignants sont compétents et ont à cœur de bien remplir leur mission ; mais il leur arrive d'être intolérants envers certains enfants, tout comme cela nous arrive à nous, parents. Si jamais pareil comportement leur est reproché, les enseignants ont des recours pour se défendre ; mais qu'en est-il de l'enfant brimé ? Pour cette seule raison, il y aurait lieu de créer un code d'éthique chez les enseignants afin de garantir aux enfants un certain droit au respect (voir en page 136).

Que faire lorsqu'on pense que son enfant a des difficultés avec l'enseignant ?

- D'abord bien observer son enfant. En général, c'est le parent qui connaît le mieux son enfant. Si le parent constate que l'humeur et le comportement de son enfant a changé, s'il est, par exemple, triste, agressif, turbulent, s'il se plaint de maux de ventre le matin avant l'école et s'il éprouve de la difficulté à s'endormir, le parent a raison de s'inquiéter, surtout si ces symptômes n'apparaissent pas les jours de congé scolaire.

- Éviter de sauter prématurément aux conclusions. Il faut s'appuyer sur des faits objectifs.

- Aider d'abord l'enfant à préciser ses difficultés et éviter les jugements hâtifs. Le parent qui, dans son enfance, a été en conflit avec des enseignants est souvent porté à s'identifier à son enfant et à tenir devant lui des propos virulents. À son insu, il ne fait qu'alimenter l'hostilité du jeune et aggraver le conflit. Combien d'enseignants ont fait l'objet de procès autour d'une table de cuisine !

- Aider l'enfant à trouver des moyens d'apaiser le conflit. Le parent doit dédramatiser le problème et faire confiance à son enfant.

- Si le conflit persiste, on doit communiquer sans tarder avec l'enseignant. Il est préférable de le rencontrer sans l'enfant. Il vaut mieux éviter d'accuser d'emblée l'enseignant, sous le coup de l'émotion. Un tel procédé risquerait de le mettre sur la défensive et ne servirait pas le but premier de la démarche, qui est le bien-être de l'enfant. Un esprit ouvert et le désir sincère de collaborer sont plus propices au dialogue.

- S'il est impossible d'établir un climat de confiance, faire appel aux autorités de l'école ou au conseil d'établissement qui sont là pour soutenir les parents.

Ces dernières démarches sont rarement nécessaires. Rappelez-vous qu'il est préférable d'entrer en communication avec l'enseignant dès que vous sentez que quelque chose ne va pas. L'enfant ne peut qu'en bénéficier.

Miser sur la reconnaissance

Les relations élève-enseignant sont nourries par des attitudes d'accueil, d'affection, de générosité et de respect de l'élève. Elles sont favorisées par de multiples petits gestes affectueux. Elles prennent la forme d'ondes positives qui donnent de l'énergie et de l'espoir autant à l'enseignant qu'à l'enfant. Ce sont des relations précieuses qu'il faut protéger. La plus grande richesse de notre société, ce sont nos petits, nos enfants. Si on désire sincèrement qu'ils se construisent par des apprentissages valorisants et grâce à une relation de complicité, il faut d'abord prendre soin des enseignants. L'enfant a besoin et a le droit d'apprendre avec un enseignant qui est détendu, valorisé et reconnu socialement pour ses compétences.

De plus, l'élève a besoin et a le droit d'être respecté dans sa fierté. Même si un seul enfant est humilié devant les autres, rabaissé et dévalorisé par les sarcasmes d'un enseignant, cela justifierait la création d'un ordre professionnel des enseignants. On sait que les ordres professionnels existent pour protéger le public. Dans bien des cas, les directions d'école cherchent à ménager la chèvre et le chou et jouent à l'autruche. Ce sont les parents qui, les premiers, doivent défendre les besoins et les droits de leurs enfants. Ils doivent déposer des plaintes à tous les niveaux hiérarchiques et utiliser tous les recours qui sont mis à leur disposition. Heureusement, les enseignants abusifs qui humilient ou ridiculisent les élèves sont très peu nombreux.

Par contre, trop nombreux sont les enseignants profondément engagés auprès des enfants, qui vivent une passion pour leur travail mais qui ne sont pas assez reconnus pour leurs compétences. Il faudrait également réduire le stress de performance chez les enseignants ; cela pourrait se faire en allégeant le régime pédagogique, faisant ainsi en sorte que ce stress ne soit pas transmis aux enfants. La motivation, le stress et l'estime de soi sont contagieux. Il est impérieux de favoriser une plus grande motivation, une détente et une meilleure estime d'eux-mêmes chez les enseignants. Faisons-le pour eux et, surtout, pour les enfants.

Les parents ont tout avantage à souligner les forces et les qualités des enseignants auprès des enfants. Ils doivent prendre tous les moyens pour vivre avec les enseignants des relations de complicité en se disant toujours que l'apprentissage est surtout une affaire de cœur.

Un code d'éthique... pour satisfaire les besoins des enfants et assurer leurs droits

Toute grande profession a un code d'éthique. Les arpenteurs-géomètres, par exemple, ont un code de déontologie même si l'objet de leur travail concerne surtout des clients adultes, des routes et des terrains. Or, nous confions à des professionnels de l'enseignement ce qu'il y a de plus précieux dans notre société, nos enfants, et aucune règle d'éthique n'encadre le travail de ces professionnels, leurs valeurs, leurs attitudes et leurs actions. De plus, aucune université au Québec ne donne un cours d'éthique professionnelle aux futurs enseignants. Cette situation est tout à fait inacceptable.

Pourquoi les élèves ne sont-ils pas protégés par un code d'éthique de leurs enseignants ?

Les enseignants québécois sont parmi les plus scolarisés en Amérique du Nord et très qualifiés sur le plan des approches didactiques et des stratégies d'enseignement. Depuis quelques années, je parcours toutes les régions du Québec, ce qui me permet d'échanger avec des centaines d'enseignants dans le cadre des journées de perfectionnement que je donne. Je suis convaincu qu'imposer un code d'éthique à nos enseignants ne changerait pas la pratique d'au moins 90 % d'entre eux. En effet, la majorité des enseignants ont un code de valeurs personnel tout à fait compatible avec les principaux éléments des codes de déontologie des professions reconnues œuvrant en sciences humaines. Alors pourquoi un code d'éthique officiel ou éventuellement un ordre professionnel pour les enseignants ?

Quelques arguments

L'un des principaux arguments en faveur d'un code d'éthique pour les enseignants est la protection des enfants qui leur sont confiés. Chaque enfant aurait ainsi des droits reconnus et on mettrait en place des balises officielles pour les protéger. Il suffit qu'un seul enfant au Québec soit bafoué, humilié ou atteint dans son intégrité pour justifier l'imposition d'un code d'éthique officiel. Les enseignants sont protégés et défendus par leur syndicat, mais qui défend les droits des enfants ?

(…)

(suite)

Lorsqu'un parent pense, à tort ou à raison, que les droits fondamentaux de son enfant ne sont pas respectés par son enseignant, il ne peut recourir qu'à la Loi sur la protection de la jeunesse, au Code civil du Québec ou à la Charte des droits et libertés de la personne. Il peut toujours porter plainte à la direction de l'école ou à la commission scolaire, mais les règles rigides de la convention collective et de nombreux obstacles administratifs rendent ce recours très laborieux.

Je suis nettement favorable à un code d'éthique officiel pour les enseignants afin de redonner confiance aux parents et au public en général. Comme je l'affirme sur toutes les tribunes qui me sont offertes, nous avons la chance d'avoir des enseignants très qualifiés ; ils sont pourtant loin d'être payés à leur valeur, eux qui ne travaillent jamais moins que trente-cinq heures par semaine. Le grand public ne connaît pas suffisamment cette réalité, l'estime publique de cette profession est en déclin, ce qui explique peut-être que les enseignants vivent aujourd'hui dans un état de morosité collective. Un code d'éthique officiel et largement publicisé sécuriserait les parents et augmenterait leur confiance dans les qualités éducatives et professionnelles des enseignants.

Comme je l'ai mentionné précédemment, la majorité des enseignants ont un code de valeurs personnel (respect de soi, respect de l'autre et de l'environnement, honnêteté, responsabilité, coopération, etc.). Ces valeurs, ils les traduisent concrètement, chaque jour, dans leurs attitudes, dans leurs gestes et dans leurs paroles. Des valeurs de référence personnelles se dégagent de leurs pratiques d'intervention quotidiennes. Toutefois, il y a une autre forme de valeurs qui, elles, traduisent leurs objectifs et leurs aspirations ; ce sont celles auxquelles ils tendent et qu'ils veulent partager avec d'autres dans un projet éducatif. Ainsi, un code d'éthique officiel deviendrait un système de référence dans lequel chaque enseignant pourrait intégrer son code personnel de valeurs.

En d'autres mots, l'enseignant aurait la chance de confirmer ses valeurs et de s'ajuster à un code d'éthique officiel qui lui fournirait des balises et un système de référence, donnant ainsi un sens à sa mission éducative. L'existence d'un tel code entraînerait une reconnaissance sociale qui ne pourrait que valoriser l'enseignant.

Des éléments de contenu pour un code d'éthique

Afin d'esquisser le contenu d'un éventuel code d'éthique pour la profession enseignante, je me suis inspiré de certains éléments du code de déontologie de professions reconnues en sciences humaines.

En vertu de la Charte des droits et des libertés de la personne, il serait défendu que l'enseignant :

- agresse, abuse physiquement, sexuellement ou verbalement les élèves ;
- altère ou falsifie des données, des analyses d'observation ou des résultats d'évaluation dans les dossiers des élèves ;

(…)

(suite)

- dispense ses services éducatifs de façon discrimina-toire;
- ne fasse pas connaître les raisons sérieuses qu'il a de croire qu'un autre enseignant déroge à l'éthique pro-fessionnelle.

L'enseignant serait tenu :

- de favoriser une relation de confiance entre lui, les élèves et les parents;
- de respecter l'intimité et les valeurs de l'élève et de sa famille;
- d'avoir une conduite irréprochable envers l'élève sur les plans physique, mental, affectif et sexuel;
- de dénoncer toute forme de brutalité physique et men-tale, de discrimination, de négligence, de harcèlement ou d'exploitation dont l'élève serait victime dans son milieu;
- de s'acquitter de ses obligations éducatives avec inté-grité, objectivité et modération;
- de respecter la dignité humaine de l'élève en évitant les abus de pouvoir, les humiliations et les sarcasmes;
- de reconnaître à l'élève le droit à sa vie privée;
- de respecter la confidentialité et le secret d'équipe ou le secret partagé dans le cadre de son travail multidis-ciplinaire;
- de ne divulguer un secret professionnel que s'il en obtient l'autorisation par l'élève et ses parents ou par une ordonnance de la Cour;

- de tenir à jour ses connaissances et ses habiletés sur la pratique éducative;
- d'aider au développement de sa profession, soit par l'échange de connaissances et d'expériences avec ses collègues et des stagiaires, soit par sa participation à des cours et des stages de formation continue;
- de maintenir des relations interpersonnelles propices à assurer une atmosphère de compréhension et de collaboration envers les membres de l'équipe-école et envers le personnel de l'administration;
- de s'abstenir d'exercer sa profession dans des conditions ou des circonstances susceptibles de compromettre la qualité de ses interventions éducatives.

Ce serait en vertu de ces règles d'éthique, qui touchent directement les besoins et les droits des enfants, que les parents seraient justifiés d'interroger les pratiques des enseignants et des autorités scolaires. Le but recherché : protéger les enfants et dénouer des difficultés relationnelles susceptibles de compromettre le cheminement scolaire des enfants.

QUE FAIRE SI MON ENFANT VIT DES DIFFICULTÉS D'APPRENTISSAGE À L'ÉCOLE?

▼

Après la remise de son bulletin, Louis-Philippe, âgé de 9 ans, dit spontanément: « Je suis le plus pas bon de ma classe. » Cette phrase pathétique traduit bien la détresse et le sentiment d'impuissance que vivent des milliers d'élèves. Louis-Philippe éprouve de sérieuses difficultés d'apprentissage depuis qu'il fréquente l'école. Pourtant, il est d'intelligence normale et il ne manifeste aucune difficulté de socialisation. En plus, il est particulièrement habile dans les activités sportives. Un jour, ses parents viennent me consulter pour tenter de comprendre les facteurs qui sous-tendent ses difficultés à l'école et pour trouver des mesures qui permettront de corriger la situation.

Depuis plus de trente ans, je fais l'évaluation et la rééducation d'enfants et d'adolescents d'intelligence normale qui présentent des troubles sévères dans leurs apprentissages scolaires. J'ai connu des centaines de jeunes « brûlés » par les échecs, parfois en plein désarroi, dévalorisés et pessimistes quant à leur avenir. La majorité d'entre eux provenaient de bonnes familles, ne présentaient pas de problèmes psychologiques particuliers et avaient vécu les mêmes conditions de scolarisation que leurs compagnes et compagnons.

Quelques manifestations d'un trouble d'apprentissage

Avant d'aborder les causes des troubles d'apprentissage, il convient d'abord de les illustrer par quelques exemples.

En lecture, le décodage est difficile. Un élève lit *b* pour *d*, *n* pour *u*, *p* pour *q*, etc. (des inversions simples). Ou encore il lit *cra* pour *car*, *lion* pour *loin*, etc. (des inversions dans l'ordre des lettres). Il transforme des mots et prend *cheval* pour *cheveu* (une anticipation), *arme* pour *armoire* (une omission). Il comprend difficilement le sens de ce qu'il lit. Quand il écrit, l'encodage des sons lui est pénible. Il produit des inversions, des confusions, des anticipations et des omissions. Il n'applique pas les règles d'orthographe. En mathématiques, il ne comprend pas le sens des opérations et il bloque dans la résolution de problèmes écrits.

L'élève vit un trouble d'apprentissage quand l'enseignant, après avoir modifié ou ajusté ses stratégies didactiques à la suite d'évaluations, n'arrive toujours pas à atteindre les objectifs prescrits par les programmes scolaires à moyen ou à long terme. Par rapport aux objectifs, l'enfant se retrouve dans un cul-de-sac et devant un constat d'échec.

Chez les élèves qui vivent un trouble d'apprentissage scolaire, on observe souvent un ou plusieurs des traits suivants :

- des difficultés d'attention et de concentration ;
- des difficultés à sélectionner les informations nécessaires pour réaliser une tâche ;
- des réponses verbales ou motrices basées sur des stéréotypes (l'enfant utilise une seule stratégie ou un petit nombre d'entre elles pour surmonter une difficulté ou atteindre ses objectifs) ;
- un manque de stratégies (face à une difficulté d'apprentissage, l'enfant a tendance à utiliser une seule stratégie et

si celle-ci s'avère inefficace, il ne cherche pas à régulariser sa démarche ou à l'ajuster en utilisant une autre stratégie);

- une certaine difficulté à évoquer des images mentales et à les gérer durant les activités scolaires;
- une difficulté à traiter l'information et à la retenir;
- une difficulté à transférer et à généraliser les habiletés et les connaissances;
- un manque de planification et de méthode de travail durant les activités scolaires;
- un problème de motivation primaire ou secondaire;
- une faible estime de soi face à la réussite scolaire.

Qu'est-ce qu'un trouble d'apprentissage scolaire?

Un trouble d'apprentissage scolaire est une difficulté persistante que l'enfant vit lorsqu'il tente d'apprendre, ce qui peut se produire dans une ou dans plusieurs matières à l'école, même chez un enfant d'intelligence normale ou supérieure ne souffrant d'aucun handicap anatomique ou sensoriel. Un trouble d'apprentissage peut affecter aussi bien un enfant qu'un adolescent ou un adulte.

Il est important de ne pas confondre le trouble d'apprentissage avec une difficulté légère d'apprentissage. En effet, cette dernière est passagère et normale durant la scolarisation et tout enfant ou adolescent en connaît certains épisodes durant son cheminement scolaire. Malheureusement, une difficulté légère peut devenir persistante et faire naître un réel blocage si l'enseignante ne propose pas à l'enfant de nouvelles stratégies pour surmonter sa difficulté ou si l'enfant s'entête dans une seule stratégie. Le trouble d'apprentissage est souvent un échec dans la régulation des stratégies d'apprentissage.

Qu'est-ce que la régulation? Il s'agit en quelque sorte d'un tâtonnement non systématique, mais qui le devient par le recours à la méthode d'essais et d'erreurs, et par les corrections apportées au fur et à mesure. Ainsi, un bébé de 12 à 18 mois commence à être capable de régulation dans ses actions; supposons qu'il aperçoit un pot de fleurs au milieu d'une petite table, il cherche à l'atteindre par un côté de la table. N'y parvenant pas, il régularise ou change de stratégie et essaie d'y toucher en passant par l'autre côté de la table. Son but n'étant pas encore atteint, il régularise encore, change de stratégie et tire sur la nappe sur laquelle le pot de fleurs est déposé. Et c'en est fait du pot. Quelques années plus tard, l'enfant sera capable de régulations en pensée. Face à un problème à résoudre, il pourra penser aux solutions possibles, en éliminant à mesure celles qui ne sont pas efficaces.

L'enfant qui vit un trouble d'apprentissage se caractérise souvent par un manque de régulation ou d'ajustement dans ses stratégies d'apprentissage. Souvent, il n'utilise qu'une seule stratégie et si celle-ci s'avère inefficace, il ne recourt pas à une autre stratégie pour surmonter la difficulté. Il est possible que l'enfant ne fasse pas appel à une autre stratégie tout simplement parce qu'on a négligé de la lui enseigner. Un élève ne peut pas parvenir à une capacité de régulation ou à une souplesse de sa pensée si les stratégies d'enseignement ne sont pas souples ou variées.

En général, l'enfant qui vit un trouble d'apprentissage scolaire dispose de suffisamment d'intelligence pour faire des études normales et même avancées; mais il bloque dans certains apprentissages de base parce que l'information n'est pas bien traitée ou parce qu'il néglige d'utiliser plusieurs stratégies. Les enfants et les adolescents que je rencontre comprennent bien ce paradoxe quand j'utilise l'exemple suivant:

« Ton intelligence, c'est un peu comme les muscles de ton bras. Tes muscles peuvent être aussi forts ou même plus forts que ceux de tes compagnons, mais il y a quelque chose qui les empêche de fonctionner, comme une douleur ou un rhumatisme. » En effet, rares sont les enfants souffrant d'un trouble d'apprentissage qui présentent des lésions neurologiques. Leurs difficultés sont de nature fonctionnelle, c'est-à-dire qu'elles se situent plutôt dans la manière qu'ils ont d'utiliser leurs capacités neurologiques, perceptuelles, cognitives et affectives. Presque toutes les études relatives aux problèmes scolaires situent entre 10 et 15 % le nombre de jeunes qui souffrent d'un trouble d'apprentissage.

Quelles sont les causes du trouble d'apprentissage ?

Deux responsables de l'AQETA (Association québécoise des troubles d'apprentissage), Denise Destrempes-Marquez et Louise Lafleur, ont publié un ouvrage qui traite largement des causes du trouble d'apprentissage et des interventions à recommander[5]. Il importe toutefois de mentionner de manière plus précise qu'il y a souvent des causes extérieures en jeu, par exemple l'absentéisme, les déménagements, les changements fréquents d'enseignants, les mauvaises méthodes didactiques, etc. On devrait toujours commencer par évoquer ces causes avant de se demander s'il y a un problème relié au développement particulier de l'enfant, par exemple son développement neuromoteur, perceptif et cognitif, ainsi que sa vie affective,

---

[5] DESTREMPES-MARQUEZ, D. et L. LAFLEUR. *Les troubles d'apprentissage : comprendre et intervenir.* Montréal : Éditions de l'Hôpital Sainte-Justine. (Parents). 1999. De nombreux parents ont profité des services de l'AQETA (Association québécoise des troubles d'apprentissage) pour obtenir des renseignements verbaux, de la documentation et des rencontres portant sur les troubles d'apprentissage. C'est un service gratuit, regroupant des bénévoles disposés à vous aider et préparés pour le faire.

etc. Ce dernier facteur est constant et joue un rôle crucial dans la dynamique du trouble scolaire. Ce facteur affectif est parfois primaire (à la base du trouble d'apprentissage) et parfois secondaire (consécutif au trouble d'apprentissage, aux échecs). Même si un jeune ne vit pas de problème psychologique particulier, il peut très bien, à force de vivre des échecs, développer graduellement une dévalorisation, une perte d'estime de lui-même et du pessimisme face à son avenir. Cette attitude entraîne à son tour d'autres échecs, puisque l'enfant se sent battu d'avance devant toute nouvelle tâche scolaire.

En général, ces enfants et ces adolescents souffrent. En effet, notre société occidentale valorise beaucoup la performance et l'élitisme. Les parents sont également ambitieux pour leurs enfants. Malheureusement, les jeunes qui vivent un trouble d'apprentissage ne peuvent combler les attentes des adultes qui les entourent. Ils sont incapables de satisfaire aux exigences sociales, scolaires et parentales. Ils se sentent piégés, coincés. Je dois sans arrêt rappeler à certains parents que leur enfant n'est ni paresseux ni opposant, mais qu'il vit un blocage dont il faut découvrir les causes. Ainsi, pour aider le jeune qui vit un trouble d'apprentissage en lecture, il faut d'abord « lire » ce jeune.

Il y a malheureusement des milliers d'enfants qui possèdent de bonnes capacités intellectuelles sans toutefois réussir à fournir un rendement scolaire adéquat à cause d'un trouble d'apprentissage. Ces jeunes sont dévalorisés, car ils ne parviennent généralement pas à améliorer leur rendement malgré tous leurs efforts. Cette situation pousse les adultes qui les entourent à les juger négativement. Ces adultes leur laissent entendre qu'ils ne sont pas très doués intellectuellement étant donné qu'ils ne réussissent pas à améliorer leur rendement scolaire. Les jeunes veulent éviter ce jugement négatif qui les atteint directement dans la perception qu'ils ont d'eux-mêmes.

Pour ce faire, ils cessent de s'intéresser aux matières scolaires. Ils deviennent ce qu'on appelle des enfants paresseux. Il est moins blessant pour un enfant de passer pour un paresseux que d'être considéré comme peu doué intellectuellement.

Il importe donc, en définitive, que les parents travaillent à dissocier, dans l'esprit des enfants, les capacités intellectuelles du rendement scolaire. Ils contribuent ainsi à fortifier leur motivation tout en leur donnant de l'espoir.

Mon enfant vit un trouble d'apprentissage… que faire?

La réussite permet de conserver et de consolider les acquis. Tout être humain a un besoin fondamental de connaître du succès et cela est particulièrement vrai dans le cas d'un enfant qui vit un trouble d'apprentissage. Celui-ci ne peut faire de vrais apprentissages moteurs, intellectuels et sociaux sans avoir du succès dans ces activités.

Le parent doit aider son enfant en difficulté à être conscient de ses qualités et de ses forces, et à se bâtir une estime de soi par rapport aux matières scolaires, sans quoi il ne sentira ni motivation ni succès. L'estime de soi est une attitude fondamentale qui est à la base même du processus d'apprentissage.

S'il connaît ses qualités, ses forces et ses habiletés, l'enfant qui vit un trouble d'apprentissage peut prévoir qu'il aura du succès dans l'activité qu'il entreprend. Pour cela, le parent doit l'aider à se fixer des objectifs réalistes, c'est-à-dire adaptés à son degré de développement et à ses capacités. Si l'enfant échoue parce que l'objectif fixé est trop élevé, il n'aura pas connu de plaisir, sera démotivé et s'estimera encore moins. En général, les échecs — qu'il ne faut pas confondre avec les erreurs — nourrissent des sentiments de dévalorisation chez les enfants qui connaissent un trouble d'apprentissage.

Pour s'engager et persévérer dans une activité qui le motive, l'enfant doit prévoir qu'il en retirera du plaisir ou que cette activité lui sera utile. De plus, il doit anticiper les étapes à suivre, de même que les moyens et les stratégies pour atteindre l'objectif qu'il poursuit. Dans ce projet, il est important qu'il ait le soutien d'un parent. Celui-ci doit lui suggérer des façons de faire sans toutefois les lui imposer. Il l'aide également à évaluer et à corriger après coup ses stratégies.

Si votre enfant semble manifester un blocage persistant en lecture, en écriture ou en mathématiques, il est très important de ne pas dramatiser ces difficultés. En effet, ce qui vous paraît être un blocage peut être un simple retard pédagogique, c'est-à-dire quelques notions préalables qu'il n'a pas apprises ou maîtrisées pour diverses raisons. Dans ce cas, quelques séances de récupération suffiront à combler le retard.

Si votre enfant présente un blocage réel, c'est-à-dire s'il répète constamment les mêmes erreurs ou s'il bute régulièrement sur les mêmes notions, il ne faut pas tarder à contacter son enseignant. Celui-ci est généralement le mieux placé pour juger de la gravité du problème. Il est important de s'entendre avec lui sur les premières mesures correctives. N'hésitez pas à offrir votre collaboration. L'enseignant peut vous suggérer certains exercices de stimulation ou de correction à faire à la maison. Face aux enfants qui présentent des troubles d'apprentissage, la majorité des commissions scolaires ont une politique d'aide, un processus de mesures correctives graduées. La qualité de ces mesures varie d'une commission scolaire à l'autre, et même d'une école à l'autre, selon les ressources locales disponibles. Insistez pour être informés de la nature de ces mesures.

Il est important de consulter le pédiatre de votre enfant pour un examen médical complet. Des examens des yeux et des oreilles sont essentiels pour déterminer s'il y a des troubles de la vision ou de l'audition.

Si l'école propose une évaluation pour votre enfant et des séances de rééducation orthopédagogique, vous avez tout avantage à les accepter. En effet, l'orthopédagogue est formé pour évaluer et aider concrètement votre enfant. N'hésitez pas à collaborer activement avec ce spécialiste qui pourra vous expliquer la nature des difficultés de votre enfant et vous suggérer des exercices complémentaires aux séances de rééducation, facilement applicables à la maison.

Le psychologue scolaire peut vous aider à mieux connaître le potentiel intellectuel de votre enfant, ainsi que ses forces et ses difficultés. Insistez pour obtenir des explications claires quant au contenu de son évaluation et des recommandations qui en découlent.

Il est important que vous demeuriez toujours actifs et informés à chaque étape du processus d'aide. Si on procède à l'étude du cas de votre enfant, demandez à la direction d'y assister. Il est essentiel que votre attitude soit ouverte et empreinte d'un esprit de collaboration.

Si, malgré ces mesures d'aide, votre enfant vit toujours des blocages dans certaines matières scolaires, vous pouvez demander, en concertation avec le personnel de l'école, une évaluation neurologique ou neurodéveloppementale. Cet éclairage complémentaire vous aidera sans doute à appliquer avec plus de précision les programmes d'aide ou encore à réajuster ceux-ci.

Durant tout ce processus d'aide, votre enfant a continuellement besoin de votre soutien chaleureux. Il est important qu'il se sente aimé pour ce qu'il est et non pas uniquement pour ce qu'il fait. Votre enfant a besoin de se sentir valorisé dans divers domaines. Faites-lui vivre, par exemple, des activités parascolaires où il pourra profiter d'expériences stimulantes et valorisantes.

N'hésitez pas à informer votre enfant des diverses démarches que vous entreprenez pour l'aider. Pour continuer d'espérer, il a besoin de votre complicité et de votre compréhension.

QUE FAIRE SI MON ENFANT NE S'ADAPTE PAS À L'ÉCOLE?

▼

Les parents sont facilement inquiets ou se sentent démunis quand l'école les avise que leur enfant vit des difficultés d'adaptation ou que son comportement perturbe les autres, tant en classe que dans la cour de récréation. Un problème de comportement peut survenir chez un enfant simplement parce qu'il réagit à un milieu, à un événement ou à une situation, mais il peut également révéler une hyperactivité ou un problème d'agressivité. Malheureusement, dans plusieurs milieux, on confond hyperactivité et agressivité puisque ces deux problèmes perturbent le fonctionnement d'un groupe ou l'atmosphère ambiante. On doit distinguer ces deux problèmes car ils n'ont pas les mêmes causes et les mêmes conséquences dans le développement de la personnalité. Les stratégies d'aide sont également différentes, ces deux problèmes n'ayant pas le même sens.

L'hyperactivité

Les enfants hyperactifs ne laissent personne indifférent, à commencer par leurs parents qui risquent de s'épuiser en voulant les encadrer. À l'intention des parents, je conseille la lecture de deux livres qui traitent bien de ce problème[6].

Sébastien, 7 ans, m'est envoyé afin que j'évalue la nature et les causes de ses difficultés d'adaptation scolaire. Au cours de l'entrevue préliminaire, qui se fait en présence des parents, il se tortille sur sa chaise et regarde partout dans la pièce, l'œil vif et curieux. Il est évident qu'il fait de grands efforts pour rester assis sur la chaise. Sébastien est un garçon souriant, à l'air gavroche, qui a les joues et le nez parsemés de taches de rousseur.

Lorsque je lui demande s'il sait pourquoi il vient me rencontrer, il sourit et répond d'un air candide : « C'est parce que je suis tannant en classe ! » Je dois vous avouer que j'ai eu de la difficulté à conserver ma neutralité devant sa spontanéité et son air espiègle. J'ai fait l'évaluation de Sébastien par périodes de 15 à 20 minutes, car il était manifestement inattentif, hyperactif et impulsif. Les parents se sentaient dépassés et découragés par le comportement agité qu'il avait depuis qu'il marchait. Son faible rendement scolaire et ses difficultés d'adaptation à l'école les inquiétaient.

Un problème répandu

Le cas de Sébastien n'est pas unique. Au Québec, des milliers d'enfants manifestent de l'hyperactivité, de l'inattention ou de l'impulsivité dans leurs comportements. Qui ne connaît pas, dans le voisinage ou dans la parenté, un enfant étourdissant par son flot de paroles et par ses gestes rapides et désordonnés ? On a l'impression que ces enfants sont partout

---

[6]Sauvé, C. *Apprivoiser l'hyperactivité et le déficit de l'attention*. (Parents). Montréal : Éditions de l'Hôpital Sainte-Justine. 2000. Lavigeur, S. *Ces parents à bout de souffle*. Outremont : Éditions Quebecor. 2006.

à la fois : ils touchent à tout, grimpent et sautent à tout moment, dérangent les autres et explorent tous les recoins.

Je me souviens d'avoir demandé à une mère si elle se sentait étourdie à force de voir bouger son enfant. Elle me répondit d'un air excédé : « Pire que cela, j'en ai mal au cœur ! » Les parents d'un enfant hyperactif ont autant besoin d'aide que l'enfant lui-même. En effet, ils se sentent facilement jugés par l'entourage et démunis face à l'intensité, à la fréquence et à la durée des comportements étourdissants de leur enfant.

Un problème complexe

L'hyperactivité s'accompagne de difficultés d'attention, mais l'inverse n'est pas toujours vrai. En effet, certains enfants sont inattentifs sans pour autant être plus agités que la moyenne. Il est plus difficile de les dépister, car ils ne dérangent pas la classe. Cependant, leur rendement scolaire peut être faible puisqu'ils éprouvent de la difficulté à maintenir suffisamment leur attention pour bien percevoir les informations et les traiter.

L'hyperactivité est facilement dépistée à l'école et les parents sont rapidement convoqués. Par contre, la perception du problème varie d'un enseignant à l'autre et d'une école à l'autre, selon le seuil de tolérance et la souplesse de chacun. En général, c'est la fréquence des comportements inappropriés qui finit par perturber le fonctionnement de la classe. On note toutefois que cette fréquence peut augmenter ou diminuer selon la dynamique et la composition du groupe d'élèves. La qualité des relations de soutien et de complicité que l'enfant entretient avec l'enseignant et ses camarades influence aussi la fréquence des comportements perturbateurs.

Les enfants hyperactifs sont souvent impulsifs dans leurs réponses verbales ou motrices. Il leur arrive fréquemment de donner très rapidement une réponse sans avoir pris le temps de comprendre la question ou la consigne. Ils sont parfois rapides comme l'éclair, ce qui désarçonne parents et enseignants. Ces enfants sont quelquefois surpris des effets de leurs actions impulsives, comme si elles avaient été commises par quelqu'un d'autre. Ils agissent souvent avant d'avoir réfléchi et ne sont pas portés à corriger leurs erreurs. Le délai entre le stimulus et la réponse (verbale ou motrice) est tellement réduit chez eux que cela surprend tout le monde. Ils peuvent poser des gestes malheureux même avec leurs proches, mais cette impulsivité ne traduit aucune hostilité à l'égard du monde extérieur. Elle résulte plutôt d'un manque de contrôle.

L'intensité et la fréquence de l'hyperactivité varient d'un enfant à l'autre. Chaque jeune hyperactif manifeste des besoins et une dynamique qui lui sont particuliers. Il exprime aussi son problème selon son style personnel. C'est pourquoi il est difficile de concevoir l'hyperactivité comme un syndrome distinct. Des indices portent à croire qu'une bonne partie de ce problème serait de nature neurodéveloppementale, sauf dans le cas où l'hyperactivité serait causée par des difficultés affectives. En effet, certains enfants n'ont de comportements hyperactifs que dans certaines situations ; par exemple, quand ils vivent quelque chose de pénible à l'école ou à la maison ou lorsqu'un événement traumatisant survient dans leur vie. Dans ce cas, l'hyperactivité prend la forme d'un symptôme d'un problème émotionnel.

Pour avoir connu des dizaines d'enfants hyperactifs et, dans certains cas, avoir été témoin de ce qu'ils sont devenus, j'en suis venu à penser que ce n'est pas l'hyperactivité comme telle qui influence négativement leur adaptation sociale, mais plutôt l'image négative qu'ils se font d'eux-mêmes. En effet, ces enfants se font dire tant de fois des choses comme

« Tiens-toi tranquille ! », « Reviens à ta place ! », « Ne renverse pas ton verre de lait ! », « Ne dérange pas les autres ! »

À force de recevoir ces messages négatifs, ils en viennent à intérioriser l'idée qu'ils sont vilains ou méchants. Ils finissent par s'estimer très peu. Or, tout enfant a tendance à agir et même à défendre l'image qu'il a de lui-même, qu'elle soit positive ou négative. On tombe alors dans un cercle vicieux; plus ils sont agités, plus ils reçoivent des messages négatifs qui alimentent leur faible estime d'eux-mêmes, et plus ils se comportent négativement. Comment briser ce cercle vicieux et, surtout, comment les aider à réduire leur hyperactivité ?

Quelques conseils aux parents

Les quelques stratégies qui suivent sont inspirées de mon expérience et de ma connaissance des jeunes. Il ne faut pas les considérer comme des recettes miracles, car elles ne sont pas toutes efficaces dans tous les cas.

- En premier lieu, il est important que les parents s'occupent d'eux-mêmes. Vivre avec ces jeunes demande beaucoup d'énergie. Réservez-vous donc des plaisirs personnels sans les enfants. Accordez-vous, par exemple, un temps fixe de détente pour aller au cinéma et visiter des amis, réservez-vous une période de lecture, etc. Les parents doivent recharger leurs batteries pour arriver à répondre aux besoins de leurs enfants.

- Il faut éviter de vous culpabiliser même si votre entourage se plaint de votre enfant. Gardez à l'esprit que celui-ci est né avec un tempérament particulier et que, dans la majorité des cas, l'hyperactivité est probablement de nature neuro-développementale.

- Si vous vous rendez compte, vous et les intervenants scolaires, que votre enfant est anormalement agité, consultez un pédiatre. Celui-ci a les connaissances nécessaires pour découvrir la nature du problème. Il est possible qu'il prescrive un médicament susceptible d'aider votre enfant. N'hésitez pas à lui poser des questions sur la nature de ce médicament, sur les conditions de son administration et sur les effets secondaires possibles. Les parents et l'enfant doivent être confiants et motivés pour que le médicament agisse efficacement. N'hésitez pas à vous documenter sur l'hyperactivité. Votre pédiatre peut vous recommander des lectures à ce sujet.

- À la suite de cette démarche, acceptez le fait que votre enfant est différent de la majorité des jeunes et qu'il a des besoins particuliers. N'oubliez pas que la différence est souvent source de richesse.

- Notez dans un petit calepin quelques situations au cours desquelles vous avez vécu beaucoup de plaisir, de détente et de complicité avec votre enfant. Lorsque la moutarde vous monte au nez, relisez ces notes pour vous remémorer les moments agréables.

- Prenez soin d'observer votre enfant, en particulier quand il s'occupe calmement à une activité. Dites-lui immédiatement à quel point vous appréciez son comportement.

- Choisissez une période fixe d'une durée de 5 à 10 minutes dans la journée et profitez-en pour avoir une activité agréable avec votre enfant en veillant à ne faire aucune intervention négative. Centrez-vous sur les aspects positifs de son comportement en les soulignant verbalement.

- Le soir, après l'avoir bordé et avant de quitter sa chambre, rappelez-lui trois ou quatre actions positives qu'il ou elle a faites durant la journée. Dites-lui, par exemple : « Tu as aidé à mettre la table, tu as aidé ta petite sœur à mettre ses bottes, c'est très bien ! » Si votre enfant a une image négative de lui-même, il s'empressera de vous rappeler les mauvaises actions qu'il a faites. Ignorez ses propos. Par cette attitude, vous lui signifiez que vous êtes l'allié du « bon » Sébastien qui existe, malgré son comportement parfois difficile.

- Tentez de contrôler un seul comportement à la fois. Par exemple, demandez-lui de rester assis sur sa chaise pendant le dessert. La consigne doit être claire, concrète et donnée en regardant l'enfant droit dans les yeux. Ne faites qu'une seule demande à la fois en vous assurant qu'il peut la satisfaire. Exprimez votre satisfaction immédiatement après le comportement positif. La constance est très importante en ce qui concerne les exigences.

- Ne vous attendez pas à ce que votre enfant devienne sage et docile sur tous les plans. Il vaut mieux « encadrer » son hyperactivité. Par exemple, s'il réussit à rester assis pendant le souper, attendez-vous à ce qu'il soit peut-être plus grouillant durant la période des devoirs et des leçons. Il est surprenant de constater que certains enfants réussissent à apprendre même quand ils sont agités, comme ce jeune hyperactif qui épelait des mots de vocabulaire à quatre pattes sous la table.

- Lorsque votre enfant transgresse une règle qu'il connaît, arrêtez-le fermement et immédiatement en utilisant le moins de mots possible. Faites-lui également voir dans les plus brefs délais la conséquence de son comportement fautif. Par exemple, s'il a mis sa chambre en désordre, demandez-lui de la ranger immédiatement. Vous devez lui signifier que ce n'est pas lui que vous n'acceptez pas, mais son comportement.

- Si vous avez une sortie à faire avec votre enfant, dites-lui d'avance ce que vous ferez, en décrivant chacune des étapes : « Nous irons à la banque, ensuite chez le nettoyeur, enfin à la pharmacie. » Faites-lui visualiser d'avance les étapes et les sources possibles d'agitation. Durant la sortie, soulignez ses comportements positifs quand il en a.

- Il est important de découper la période des devoirs et des leçons en petites étapes qui correspondent à la durée moyenne d'attention de l'enfant.

- Éliminez les principales sources de distraction. Et, plus important encore, amenez l'enfant à identifier d'avance les facteurs possibles de distraction. Habituez-le à prévoir des stratégies pour faire face à ces sources de distraction afin qu'il les repousse en dehors de son champ de conscience.

- Avant d'entreprendre une activité, imposez-lui un temps d'arrêt au cours duquel vous l'aiderez à réfléchir sur les meilleures façons de mener à bien son activité. Cette attitude l'aidera à freiner son impulsivité.

- Finalement, il est très important d'aider votre enfant à évaluer régulièrement lui-même son comportement, tant dans ses aspects positifs que négatifs.

Les enfants tornades font vivre aux parents et aux intervenants scolaires toute une gamme de sentiments, allant de l'exaspération la plus vive à l'espoir le plus grand. Ils ne laissent personne indifférent. Pour les aider, parents et enseignants doivent tisser entre eux et avec les enfants des rapports de connivence et de collaboration.

Il est essentiel que l'on reconnaisse surtout les forces et les qualités de ces enfants tout en les aidant à surmonter leurs difficultés. La majorité des enfants que j'ai connus se débrouillent bien dans la vie parce qu'ils ont été soutenus par leurs parents et parce qu'ils ont eu une relation significative avec au moins un enseignant.

La bougeotte

« Il est facile de faire entrer une couleuvre dans une école mais la faire asseoir sur une chaise est très difficile. » (proverbe haïtien)

Catherine, belle fillette âgée de 9 ans, est en troisième année. Elle m'a été référée pour ses difficultés d'apprentissage et un faible rendement scolaire. Ses parents sont inquiets car son année scolaire est compromise. Dès les premières minutes de notre rencontre, je constate rapidement que Catherine est une fillette très expressive et très vive mais qu'elle a la bougeotte, surtout au cours des activités scolaires. Elle manifeste une tendance compulsive à toucher tous les objets sur la table ou qui sont dans son champ visuel. Il apparaît évident que les activités purement intellectuelles, au cours desquelles elle doit demeurer assise et immobile, l'ennuient beaucoup. Je lui présente alors du matériel d'art plastique ; Catherine en rougit de plaisir. Elle manifeste une dextérité manuelle qui me semble nettement supérieure à la moyenne des enfants de son âge. Les parents m'informent qu'à la maison, Catherine fait de la couture avec une machine électrique et qu'elle suit des patrons. Cette fillette se valorise par ses talents manuels mais en classe, elle a peu de chance de les exprimer. De plus, elle est dans un environnement scolaire traditionnel qui impose aux enfants d'être la plupart du temps assis et sans bouger. Catherine ne manifeste aucune difficulté spécifique d'apprentissage mais plutôt un problème de motivation scolaire, car les activités qu'on lui impose ne correspondent aucunement à son style cognitif, à ses intérêts et, surtout, à ses talents.

J'ai connu plusieurs enfants comme Catherine qui, sans être hyperactifs, ont un grand besoin de bouger ; toutefois, leur tendance est réprimée en classe. Dans le cadre d'un enseignement traditionnel, ces enfants sont transformés en papillons épinglés. En effet, trop d'enseignants – à cause du nombre d'élèves par classe – ont une conception de la pédagogie qui veut que les élèves soient comme des papillons, c'est-à-dire qu'ils ne fassent pas de bruit. Mais qu'on le veuille ou non, les papillons bougent. Alors, on les épingle sur les chaises. Les papillons épinglés continuent pendant quelque temps à battre des ailes, mais ils finissent par mourir en même temps que leur motivation pour les activités de classe.

Cette conception selon laquelle l'enfant doit demeurer bien assis sur sa chaise, le regard dirigé vers l'enseignante, est encore très présente dans nos écoles. Cette mentalité est d'inspiration cartésienne. En effet, on a tendance à dissocier l'esprit du corps. Selon cette conception plus ou moins consciente, seuls l'esprit et l'intelligence sont nécessaires pour les apprentissages scolaires. Le corps est perçu comme un mal nécessaire et ses expressions, dérangeantes. Cependant, il est important de comprendre que la vie en groupe impose des contraintes. Compte tenu qu'il n'y a pas assez d'espace dans la majorité des classes, laisser les élèves bouger ou se déplacer à leur guise risquerait de provoquer des interactions parfois agressives entre eux et créerait un climat peu propice aux apprentissages. La preuve est faite que plus un espace est restreint pour un groupe, plus les problèmes de discipline sont prévisibles.

À cet égard, les enfants sont comme des hérissons. Il existe des hérissons qui, pendant l'hiver, doivent se rapprocher l'un de l'autre pour résister au froid. Un hérisson isolé est condamné à mourir. Par contre, ils vivent un conflit, un dilemme. En effet, ils doivent se rapprocher pour survivre mais s'ils se collent trop, ils se piquent et se battent. C'est sensiblement le même phénomène dans un groupe d'enfants. Les enseignants constatent que plus une classe est petite, plus il y a de l'intolérance et des interactions agressives entre les élèves. On note le même phénomène à la maison. Par exemple, on sait qu'il y a plus de conflits entre deux enfants à l'occasion d'un voyage en auto quand ils sont confinés sur la banquette arrière. Des conflits peuvent également surgir durant un repas quand il n'y a pas assez d'espace entre les enfants. Comment permettre aux élèves d'exprimer leur besoin naturel de bouger tout en maintenant un climat propice aux apprentissages ? C'est un problème constant pour les enseignants.

La croissance et l'expression physiques chez l'enfant

Comme pour toutes les facettes de la personne, le développement du corps se fait par phases, avec des poussées de croissance qui alternent avec des périodes plus stables. Le rythme de développement est unique à chaque enfant. En général, la croissance staturo-pondérale est beaucoup plus rapide durant la petite enfance et l'adolescence que pendant la période de 6 à 12 ans. Au cours de cette dernière période, la taille de l'enfant croît à un rythme d'environ 5 % par année, tandis que son poids augmente en moyenne de 10 % à chaque année. Naturellement, il y a des variations individuelles qui sont déterminées en grande partie par l'héritage génétique, l'alimentation et la qualité de l'environnement. L'estime de soi corporelle peut en être affectée. En effet, au cours de cette période, le garçon dont la taille est plus petite que la moyenne de ses camarades peut se sentir inférieur aux autres. Par contre, la fille qui, à cet âge, est plus grande que la moyenne de ses compagnes peut se sentir complexée. Ainsi, la majorité des enfants désirent être dans la norme.

Au cours de cette période, des différences significatives apparaissent entre les garçons et les filles. Vers l'âge de 6 ans, l'enfant perd les formes potelées qui caractérisent la petite enfance et développe une apparence qui différencie les deux sexes. Durant la période de 6 à 12 ans, les enfants sont moins malhabiles et plus gracieux que les tout-petits. Le développement physique se manifeste également au niveau de la tonicité musculaire. La force de l'enfant augmente à mesure qu'il grandit, qu'il prend du poids et qu'il développe ses muscles. Sa force musculaire double entre l'âge de 3 et de 11 ans. Durant la petite enfance, on ne voit pas de différence significative entre la force du garçon et celle de la fille. Après 6 ans, cependant, le garçon démontre plus de force physique que la fille.

On note également un développement significatif sur le plan psychomoteur. Après l'acquisition d'une plus grande force et d'une plus grande rapidité, l'enfant améliore la coordination de ses mouvements. Les enfants du primaire sont portés à se comparer entre eux et ils deviennent conscients de leurs possibilités de coordination. Les garçons sont particulièrement portés à rivaliser entre eux pour déterminer la supériorité des uns par rapport aux autres en fonction des capacités de courir, sauter, grimper, etc. Dans cette tranche d'âge, on observe des comportements physiques et moteurs différents entre les deux sexes. Les intervenants scolaires constatent que les garçons ont en général une plus grande propension motrice que les filles. Tout le monde admet qu'ils ont plus besoin de bouger, de dépenser de l'énergie et d'exercer leurs nouvelles capacités motrices. En effet, compte tenu du fait qu'ils contrôlent mieux leur motricité et qu'ils ont découvert qu'ils ont dorénavant plus de rapidité, de coordination, de puissance, de souplesse et d'équilibre, ils manifestent leur besoin d'exercer et de démontrer leurs capacités physiques dans diverses situations. C'est la raison pour laquelle des enfants, surtout les garçons, trouvent si difficile de demeurer immobiles sur une chaise, en classe. Ils doivent faire de grands efforts pour répondre aux attentes de l'enseignant et freiner leur propension motrice. C'est un des facteurs qui expliquent les écarts de réussite entre les garçons et les filles (au profit de ces dernières).

Apprendre par son corps

Certains enfants apprennent plus facilement avec leur corps. Les enfants qui apprennent surtout de façon kinesthésique sont très conscients de leur corps et de leurs capacités motrices. Ils bougent plus que les autres mais plusieurs d'entre eux ne sont pas hyperactifs. Pour eux, l'apprentissage a un sens et il se réalise plus facilement s'il est accompagné de mouvements. Ils apprennent surtout par le toucher, par la motricité et par l'expérimentation corporelle. Ils ont une tendance parfois frénétique à manipuler les divers objets situés dans leur champ visuel. Ces enfants aiment les activités physiques pour lesquelles ils manifestent souvent du talent. Ils sont également habiles dans les tâches manuelles. Ils aiment inventer ou construire des choses avec leurs mains, démonter ou remonter des objets. En classe, leur comportement est généralement verbomoteur, c'est-à-dire qu'ils parlent quand ils bougent et qu'ils bougent quand ils parlent. Ces enfants font preuve d'une grande capacité d'expression corporelle. Je me souviens de Simon, âgé de 7 ans, qui présentait un trouble sérieux d'articulation verbale, à tel point que ses propos étaient peu compréhensibles. Mais grâce à son talent particulier pour l'expression corporelle et par ses mimiques, je n'ai eu aucune difficulté à le comprendre. Ces enfants aiment beaucoup utiliser des outils, qui sont comme des prolongements corporels.

Ils sont particulièrement habiles à reproduire une séquence de mouvements et à les coordonner. Ainsi, ils peuvent facilement reproduire une tâche après avoir observé quelqu'un d'autre l'accomplir. Ils ont souvent du talent pour le mime et pour reproduire les gestes d'une personne. Le célèbre Charlie Chaplin est un bel exemple d'intelligence kinesthésique. Pour ces personnes, bouger, manipuler et s'exprimer par la motricité globale est un besoin très important, notamment au cours des activités scolaires. On peut facilement comprendre que ces élèves soient peu tolérés dans le cadre d'un enseignement traditionnel. Quant à eux, ils trouvent très pénible de s'asseoir de longs moments; ils sont assis comme sur une chaise de torture et ils tombent facilement dans l'ennui s'ils ne sont pas engagés activement dans l'action qui se passe autour d'eux. Assis à leurs pupitres, ils mettent beaucoup d'énergie à freiner leur fébrilité motrice et on constate souvent que l'énergie qu'ils déploient pour se maîtriser n'est plus disponible pour les apprentissages. Dans un tel contexte, leur motivation diminue beaucoup et ils vivent un sentiment d'incompréhension de la part des adultes.

Vivre des activités physiques : un besoin physique et psychologique

Il est important de se rappeler que l'être humain est entré en contact avec le monde par le biais de son corps. Durant les premiers mois de son existence, les premières communications du bébé se font presque uniquement par le biais de ses besoins physiques et de ses activités corporelles. Le jeune enfant est investi dans son corps par les personnes de son environnement. C'est la base de l'estime de soi corporelle. En effet, compte tenu du fait qu'on s'occupe de son corps, il le perçoit comme ayant de la valeur. Son estime de soi corporelle se développe quand il constate que les personnes qui lui sont significatives valorisent ses progrès moteurs, ses nouvelles capacités physiques. L'enfant en dégage un sentiment de fierté personnelle. Ainsi, il est tout à fait naturel que l'enfant cherche à s'exprimer par son corps à l'école, mais ses activités motrices y sont beaucoup moins valorisées que durant sa petite enfance, sauf durant les périodes d'éducation physique. Toutes les recherches sérieuses démontrent clairement que les exercices physiques sont très importants pour développer et maintenir une bonne santé physique. Dans plusieurs pays, les élèves profitent à chaque jour de séances d'exercice physique. Il est prouvé que l'exercice physique détend l'esprit et est bénéfique au cœur, aux poumons et aux muscles. Il permet à l'enfant de libérer ses tensions et d'équilibrer ses énergies, ce qui le rend plus disponible aux apprentissages scolaires.

De façon générale, le nombre d'activités en éducation physique est nettement insuffisant à l'école. Il est nécessaire d'en augmenter le nombre puisqu'il est admis que bon nombre élèves ne sont pas en bonne forme physique. Beaucoup trop d'enfants souffrent d'excès de poids et la grande majorité d'entre eux occupent leurs loisirs à des jeux passifs, souvent solitaires (des jeux vidéos, par exemple). Les enseignants en éducation physique constatent que trop d'enfants sont anormalement essoufflés après deux tours du gymnase à la course, que leurs muscles sont mous, qu'ils n'aiment pas les efforts physiques et qu'ils sont moins habiles qu'avant. C'est une situation préoccupante par rapport à leur santé future.

Pourtant, l'enfant a besoin d'expérimenter ses limites et ses possibilités corporelles et de développer de nouvelles habiletés. En bougeant, il apprend la maîtrise de ses gestes et freine son impulsivité motrice, il canalise son agressivité de façon acceptable et s'habitue à socialiser ses pulsions. Tout en améliorant la capacité cardio-pulmonaire, l'exercice physique est un important réducteur de stress. De plus, les activités physiques favorisent la socialisation, car l'enfant doit tenir compte des autres dans ses mouvements. Il apprend la coopération dans des jeux collectifs.

En classe, dans le cadre d'un enseignement traditionnel, l'enfant doit réprimer son besoin naturel de bouger et il doit oublier son corps et ses capacités. Cette obligation est contre-nature, surtout pour les garçons, et elle l'est particulièrement chez l'enfant dont le style cognitif privilégié est kinesthésique. Par ailleurs, il est important de souligner que l'avènement des réformes récentes en éducation amènent les enfants à bouger et à se déplacer en classe grâce à une pédagogie par projets individuels et collectifs. Ces réformes visent généralement à rendre les élèves plus actifs et plus responsables de leurs apprentissages; elles intègrent donc mieux leur besoin naturel de bouger.

Quelques conseils

Ces conseils s'adressent autant aux enseignants qu'aux parents et conviennent surtout aux enfants qui ont un grand besoin de bouger (sans pour autant qu'ils soient hyperactifs).

- Tout parent doit se soucier que son enfant fasse des exercices physiques (jeux spontanés ou sports) à chaque jour. Après l'école, il est important que le parent incite son enfant à courir ou à se dépenser physiquement pour qu'il puisse « laisser sortir la vapeur » et se détendre. Chez certains enfants, on recommande une courte période d'exercice physique avant la période des devoirs et des leçons.

- Dans son régime de vie, que ce soit à la maison ou à l'école, on doit alterner périodes d'exercice physique et activités plus calmes.

- En classe, il est très profitable qu'à chaque heure on arrête le travail scolaire pour faire des exercices physiques sur place durant cinq minutes. Cette façon de faire a été expérimentée dans des classes du primaire et les élèves étaient plus disponibles et actifs dans leurs apprentissages.

- Le parent doit valoriser les activités physiques de son enfant en accordant plus d'importance au plaisir qu'il en retire qu'à sa performance.

- Tant qu'il ne nuit pas à ses camarades de classe, il est bien de laisser l'enfant bouger le plus possible durant les travaux scolaires, même s'il se tient debout ou assis à la façon indienne. Nous savons qu'en général les élèves sont plus tolérants que l'enseignant face à un élève qui bouge plus que les autres.

- À la maison ou à l'école, on doit favoriser la manipulation d'objets pour l'apprentissage des habiletés et des connaissances.

- Dans bien des cas, l'enfant est attentif même s'il bouge et semble distrait en classe. Ainsi, il faut veiller à ne pas intervenir prématurément car l'enfant peut se sentir jugé injustement si on le réprimande alors qu'il écoutait.

- Utiliser le mime et les gestes en donnant les explications. L'enfant kinesthésique est plus sensible à l'expression corporelle de l'adulte qu'au contenu verbal de ses explications.

- Amener l'enfant à décrire les actions nécessaires à l'exécution d'un travail scolaire.

Lorsque l'enseignante laisse les élèves bouger en classe, cela signifie qu'elle a confiance en ses capacités éducatives et qu'elle se sent capable de faire respecter une saine discipline. Elle est convaincue qu'elle peut ramener les élèves à l'ordre s'ils sont trop agités. Elle leur permet d'exprimer leur besoin naturel de bouger tout en s'assurant que leurs comportements ne nuisent pas à leurs apprentissages académiques. Cette enseignante respecte l'enfant dans sa totalité. Elle permet surtout au papillon de prendre son envol pour qu'il soit plus heureux et pour que les autres puissent apprécier sa beauté.

L'agressivité

Il était tôt le matin et je venais de me garer dans le stationnement du lieu où je travaillais lorsque j'aperçus un enfant accroupi près d'une automobile. Il était en train de dégonfler un pneu. Je lui mis la main sur l'épaule en l'invitant à cesser son activité. En réponse, je reçus quelques jurons bien sentis et des coups de pied sur les jambes. C'était sa façon de m'inviter à lui ficher la paix ! Je dus le maintenir physiquement et, lorsqu'il fut plus calme, je lui proposai doucement de venir prendre un lait au chocolat au casse-croûte. C'est là que j'appris qu'il se prénommait Daniel et qu'il était âgé de 8 ans. L'année précédente, il avait bénéficié de séances de psychothérapie avec un professionnel de mon milieu. Ce dernier était parti et personne d'autre n'avait pris la relève. Daniel s'était senti abandonné et il venait de le manifester par ce geste hostile dans le stationnement. Je me suis occupé de Daniel pendant quatre ans. Il avait des problèmes de comportement marqués à l'école et il possédait l'art de faire tourner son enseignante en bourrique. Il m'a également fait vivre toute une gamme d'émotions : du désespoir le plus profond aux joies les plus vives. J'ai beaucoup aimé cet enfant. Aujourd'hui, Daniel est âgé de 32 ans. Il travaille régulièrement et il a une relation stable avec sa compagne. Il est père de deux enfants.

Quelques statistiques

Plusieurs études évaluent à plus de 50 % la proportion d'enfants qui présentent des problèmes de comportement à un moment ou l'autre de leur développement. Cependant, la majorité des jeunes ont des difficultés passagères, souvent en réaction au milieu scolaire ou familial. Comme dans le cas des troubles d'apprentissage, trois fois plus de garçons que de filles ont des problèmes de comportement.

Les manifestations

L'enfant qui présente des troubles de la conduite et du comportement éprouve des difficultés persistantes dans ses relations sociales avec ses compagnons et avec les adultes. Le ministère de l'Éducation du Québec divise ces dysfonctionnements en deux catégories :

Les comportements *surréactifs* que sont l'agressivité, l'hostilité ou l'opposition face aux stimuli et aux sollicitations de l'environnement scolaire. Il s'agit, par exemple, de paroles et d'actes injustifiés d'agression, d'intimidation, de destruction, d'opposition persistante à un encadrement normal et justifié. C'est ce type de comportements que nous entendons examiner.

Les comportements *sousréactifs* se manifestent plutôt chez les élèves qui éprouvent des peurs excessives face aux personnes et aux situations nouvelles. Ils adoptent des comportements anormaux de passivité, de dépendance, de retrait, etc.

Qui sont ces enfants surréactifs, ou agressifs, à l'école ? Voici les principales caractéristiques de leur comportement.

Selon Goupil [7], ces élèves émettent en classe trois fois plus de remarques verbales (souvent inappropriées) et interagissent environ quatre fois plus avec l'enseignant que les autres enfants.

Ils monopolisent beaucoup l'attention de l'enseignant et des autres élèves, qui deviennent parfois excédés. Mentionnons que chaque comportement pris isolément n'est pas nécessairement inapproprié ou dérangeant en soi. C'est plutôt la fréquence, la durée et l'intensité des comportements inadéquats qui perturbent l'atmosphère du groupe. Cependant, les seuils de tolérance face à ces comportements varient d'un enseignant à l'autre et d'une école à l'autre.

Des recherches montrent qu'il y a plus de problèmes de discipline ou de comportement dans certaines écoles que dans d'autres, qui sont pourtant d'un milieu socio-économique comparable. Chaque école fixe de façon formelle ou informelle ses balises de tolérance. En ce sens, la perception du trouble de comportement est relative au milieu.

- Plusieurs de ces enfants ont une faible tolérance à la frustration. Si on refuse, par exemple, d'acquiescer à leur demande ou qu'on leur impose un délai pour satisfaire leur désir, ils réagissent facilement de façon agressive, que ce soit verbalement ou physiquement.

- Ils sont souvent dépendants du contrôle extérieur des adultes. Par exemple, lorsque l'enseignant quitte la classe, ils en profitent pour chahuter.

- Ces élèves admettent rarement leurs responsabilités à l'occasion d'un conflit ou d'une altercation. Ils en imputent la faute aux autres ou blâment la situation.

- Plusieurs de ces enfants sont égocentriques et insensibles aux autres. Ils peuvent accaparer des objets sans tenir compte des désirs de leurs camarades ou les blesser

---

[7] GOUPIL, G. *Élèves en difficulté d'adaptation et d'apprentissage.* Boucherville : Gaétan Morin éditeur, 1990.

verbalement sans percevoir la portée de leurs paroles. Ils semblent incapables de se mettre à la place de l'autre ou ils refusent de le faire.

- Au jeu, ce sont souvent de mauvais perdants. À la moindre erreur ou à la moindre difficulté, ils se retirent ou provoquent des conflits avec leurs partenaires. Ces comportements reflètent, la plupart du temps, une profonde dévalorisation personnelle et une pauvre estime de soi.

À cause de leurs comportements, ces enfants sont fréquemment rejetés par leurs compagnons. Cette situation nourrit leur faible estime d'eux-mêmes. On observe que ces jeunes sont beaucoup plus punis que les autres élèves. Il arrive même qu'ils soient réprimandés lorsqu'ils agissent correctement ; cela provoque chez eux des sentiments d'injustice et de rejet. Ce sont des enfants qui ont à s'expliquer régulièrement devant les autorités scolaires et qui sont parfois pénalisés parce qu'ils plaident leur cause de façon maladroite.

Ces jeunes ont souvent un faible rendement scolaire à cause de leurs attitudes qui ne sont pas propices aux apprentissages : refus des activités, oppositions aux consignes, distractions, frustrations qui dégénèrent en agressivité destructrice, etc.

Leur sentiment de rejet et d'injustice, leur faible rendement scolaire et l'impression qu'ils ont d'être souvent pointés du doigt alimentent leur faible estime d'eux-mêmes. Les recherches démontrent que des relations harmonieuses avec les autres sont un indice important de l'épanouissement futur de l'enfant. Georgette Goupil mentionne que les enfants isolés socialement risquent davantage de présenter des problèmes d'acceptation sociale, d'abandon scolaire et de santé mentale à l'âge adulte. D'autres recherches soulignent que ces enfants sont plus dépressifs que les autres enfants. Ils répètent souvent, de façon compulsive, les mêmes comportements inappropriés, comme s'ils étaient esclaves de l'image négative qu'on leur renvoie et qu'ils ont d'eux-mêmes.

Les causes

La très grande majorité des difficultés relatives aux relations provient d'une réaction soit au milieu familial (conflit conjugal, séparation des parents, conflit avec la fratrie, naissance d'un frère ou d'une sœur, décès, etc.), soit au milieu scolaire (relation négative avec l'enseignant, difficulté d'apprentissage, discipline trop rigide ou trop permissive, etc.). Ces problèmes sont habituellement passagers ; il s'agit, en effet, de corriger la situation conflictuelle pour que les comportements inappropriés de l'enfant disparaissent. Par contre, si la source du problème dure, les difficultés d'adaptation de l'élève peuvent persister et s'intérioriser.

L'enfant qui manifeste un trouble du comportement est souvent malhabile dans ses relations avec ses camarades et les adultes. Derrière un comportement, il y a un sentiment ou un besoin, mais l'enfant inadapté éprouve souvent de la difficulté à l'exprimer de façon adéquate. Par exemple, lorsqu'il a besoin d'attention, il provoque son enseignant ou lorsqu'il est en colère, il frappe les autres. Le besoin d'attention et la colère sont légitimes, mais ce sont les façons dont il les exprime qui sont inadéquates.

Pour ma part, je considère le trouble de comportement comme étant une mauvaise rencontre entre les limites adaptatives d'un enfant et les limites éducatives d'un milieu. En effet, compte tenu du fait que l'enfant a intégré peu d'habiletés sociales, il manifeste des limites adaptatives. Par exemple, lorsqu'il veut obtenir un objet et qu'un autre enfant le prend à sa place, il frappe ce dernier au lieu de résoudre le problème en utilisant d'autres stratégies (faire une demande, négocier, attendre son tour, etc.). L'une des caractéristiques majeures de l'enfant souffrant d'un trouble de comportement est le fait qu'il adopte d'emblée, face à un conflit ou une difficulté, des comportements stéréotypés et inadaptés. Il n'a pas recours à une régulation, à un ajustement ou une modification de ses gestes et de ses paroles pour exprimer adéquatement ses besoins ou ses sentiments ou pour résoudre un conflit. Ce manque de souplesse adaptative est causé par une carence d'habileté sociale ou un conflit intériorisé.

Par contre, si un enfant présente des limites adaptatives mais vit dans un milieu qui manifeste de belles qualités éducatives, par exemple en étant ferme sur certains points et souple sur d'autres points moins importants, le trouble de comportement chez cet enfant serait moins intense ou se manifesterait avec moins de fréquence. Il faut donc considérer les deux pôles de la relation éducative : l'enfant et son milieu. Lorsqu'on évalue les causes d'un problème de comportement, on a tendance à mettre les torts sur la famille et sur les conditions de son développement. On remet rarement en cause les qualités éducatives du milieu scolaire. Inversement trop de parents attribuent les causes à l'école.

Dans plusieurs milieux scolaires, on se limite à réprimer les comportements perturbateurs et à imposer des sanctions, mais on enseigne peu aux enfants inadaptés à développer des habiletés sociales. Ces milieux sont plutôt répressifs. Or, on ne peut aider efficacement ces enfants si les interventions ne sont pas incitatives, c'est-à-dire centrées sur des comportements adaptés.

L'enfant qui manifeste des troubles de la conduite et du comportement de façon persistante et dans différents milieux (famille, école, centre de loisirs, etc.) a besoin d'une aide spécialisée. Il est essentiel que les divers intervenants collaborent étroitement entre eux pour amener le jeune à utiliser divers moyens adaptatifs.

Quelques conseils aux parents

Lorsque des intervenants scolaires vous disent que votre enfant perturbe son groupe par son hyperactivité, son impulsivité ou son inattention, il importe de vérifier d'abord si l'enfant ne présente pas un trouble déficitaire de l'attention. Le problème peut être d'origine neurophysiologique. Si cette hypothèse est confirmée par une évaluation neurologique ou neurodéveloppementale, la stratégie ne sera pas la même que dans le cas où l'hyperactivité et l'impulsivité sont d'origine purement affective. Les problèmes socio-affectifs seraient alors la manifestation d'un malaise intérieur chez l'enfant.

- Faites préciser par les intervenants scolaires la fréquence des comportements inappropriés, leur durée et leur intensité (description de l'ampleur du comportement). Soyez prudents quant à l'interprétation de ce dernier aspect. En effet, l'appréciation de l'intensité est relative au seuil de tolérance de l'enseignant, à son expérience et à ses valeurs. Il est essentiel que vous réclamiez, comme base de discussion, des faits observés et décrits avec précision, et exempts de jugement de valeur. Pour votre part, il est important que vous transmettiez aux intervenants scolaires vos propres observations sur le comportement qu'adopte votre enfant à la maison et à l'extérieur. Faites-en, vous aussi, la description la plus objective possible.

- Faites une autocritique honnête, cela ne peut que favoriser l'évolution de l'enfant. Il y aurait lieu, par exemple, d'évaluer les moyens d'encadrement que vous mettez en œuvre. Êtes-vous toujours ferme face à ses comportements inappropriés ? Quelles sont les méthodes que vous utilisez ?

• Plusieurs parents se sentent coupables du comportement de leur enfant. Il faut alors éviter d'accuser l'enseignant ou d'excuser l'enfant.

• Questionnez l'enseignant sur les moyens qu'il a utilisés pour aider votre enfant et demandez-lui d'en évaluer objectivement la pertinence.

• Adoptez une attitude d'ouverture envers l'enseignant et, surtout, évitez de porter un jugement de valeur.

• Prenez le temps nécessaire pour discuter avec les intervenants afin de préciser les causes des difficultés qu'éprouve votre enfant. Tentez surtout de mettre en lumière les besoins qui sous-tendent les comportements inadéquats.

• Fixez, avec l'enseignant, un ou plusieurs objectifs à court terme. Précisez, de part et d'autre, des moyens concrets pour les atteindre, aussi bien à l'école qu'à la maison. Soyez ferme et constant dans l'application de ces mesures.

• N'hésitez pas à consulter un psychoéducateur spécialisé dans l'aide à apporter aux jeunes ayant des troubles de comportement. Il ou elle a l'expérience, la formation et l'objectivité qu'il faut pour aider votre enfant. Cette personne encadrera également vos actions et celles de l'enseignant.

• Après coup, rencontrez l'enseignant pour évaluer la pertinence des moyens appliqués et pour rajuster, au besoin, votre collaboration.

Le tableau que je viens de brosser peut vous paraître sombre. Cependant, pour moi, il n'y a pas d'enfants inadaptés ; il n'y a

que des enfants qui ont des besoins particuliers et qui sont
souvent peu habiles, hélas, à les exprimer ! Ce sont d'abord et
avant tout des enfants qui souffrent et qui ont autant de
potentiel et de forces que de difficultés. Or, leurs comportements perturbateurs nous empêchent parfois de les voir ainsi.
C'est avant tout par votre relation aimante et valorisante que
vous pouvez aider votre enfant. C'est en l'aidant à découvrir
ses forces et à mettre un terme à ses comportements négatifs
que vous l'encouragerez à développer sa propre estime.

QUE FAIRE POUR AIDER MON ENFANT À MIEUX COMPRENDRE CE QU'IL LIT?

▼

Benoît était en cinquième année et m'avait été référé pour des difficultés d'apprentissage en français ainsi qu'en résolution de problèmes écrits en mathématiques. Au cours de l'évaluation, il ne manifesta aucune difficulté particulière en lecture à haute voix. En effet, il lisait rapidement, de manière fluide et expressive. Par contre, il avait beaucoup de difficultés de compréhension. Ainsi, il ne pouvait répondre à des questions simples sur les textes qu'il venait de lire. Il évoquait peu d'images mentales en lisant, de sorte que les contenus le motivaient peu.

J'ai connu des centaines d'enfants comme Benoît qui maîtrisaient le mécanisme de base de la lecture, mais qui éprouvaient de grandes difficultés à comprendre ce qu'ils lisaient. Or, la compréhension de la lecture est l'une des clés essentielles pour la majorité des matières à l'école. En effet, le français, les sciences humaines, les sciences de la nature et même les mathématiques nécessitent une bonne compréhension en lecture. C'est à cause de cette lacune que Benoît avait de la difficulté à résoudre des problèmes écrits en mathématiques.

La lecture est une activité très importante pour beaucoup d'adultes. Elle alimente leur culture et leurs connaissances, elle nourrit leurs pensées, elle meuble leurs loisirs. Des recherches ont démontré que les enfants d'aujourd'hui ne lisent pas moins qu'il y a cinquante ans malgré l'avènement de la télévision, des jeux vidéo et de l'ordinateur. Toutefois, ces recherches ne précisent pas si les enfants d'aujourd'hui ont le même niveau de compréhension en lecture. Chose certaine, nombreux sont les enseignants et les parents qui déplorent le fait que les enfants sont peu motivés pour la lecture et qu'il ne comprennent pas suffisamment les textes qu'on leur propose.

La lecture : un processus complexe

Il ne suffit pas de savoir décoder, il faut surtout comprendre ce qu'on lit. Pour en arriver à une bonne compréhension, l'enfant doit maîtriser une série d'habiletés.

- La lecture est d'abord constituée d'un code de conventions. L'enfant doit maîtriser les correspondances entre les lettres (graphèmes) et les sons (phonèmes). C'est l'étape du décodage, qui est souvent ardue pour les petits qui commencent l'école. Il est normal de faire certaines erreurs au début de l'apprentissage, comme de manifester des conduites dyslexiques, de faire des inversions simples (*b* pour *d*), des inversions dans l'ordre des lettres (*lion* pour *loin*), des erreurs d'anticipation (*cheveu* pour *cheval*), des omissions de lettres (*cabine* pour *carabine*), des confusions (*compagne* pour *campagne*) ; en général ces erreurs se résorbent par l'exercice ou par l'utilisation de nouvelles stratégies. Par contre, quand ces erreurs sont nombreuses ou persistantes, elles nuisent à la compréhension.

- L'étendue du vocabulaire que l'enfant maîtrise joue un rôle déterminant dans sa compréhension de la lecture. En effet, l'enfant qui connaît trop peu de mots pour communiquer, à cause d'un manque de stimulation ou d'un trouble spécifique de langage oral, risque de buter sur les mots qu'il n'a jamais entendus ou dont il ne connaît pas la signification. Ce phénomène est plus fréquent chez les enfants qui apprennent à lire dans une langue autre que leur langue maternelle.

• Sur le plan perceptif, la lecture est une activité visuelle qui exige le balayage d'une séries de lettres. L'œil se déplace par saccades et se fixe ensuite, l'enfant percevant un certain nombre de lettres (empan visuel) qu'il doit décoder rapidement. S'il y a trop de régressions (ou retours en arrière de l'œil) ou une trop grande fébrilité oculomotrice pour percevoir une suite continue ou logique d'informations, l'enfant ne comprend rien de ce qu'il lit.

• Pour accéder à une bonne compréhension, l'enfant doit être capable d'une attention sélective. En effet, il doit éliminer les éléments de distraction et tout ce qui n'est pas pertinent à la lecture. Certains enfants ont une attention diffuse quand il y a trop de mots dans un espace restreint ou ils se laissent facilement distraire par divers stimuli visuels (des objets sur une table) ou auditifs (des bruits de pas, une règle qui tombe). L'attention est souvent influencée par l'intention de lecture ou la motivation.

• D'autres éléments perceptifs influencent l'acte de lire, par exemple l'orientation spatiale des tracés des lettres, la discrimination visuelle des détails qui différencient des lettres semblables, la perception de la succession temporelle de l'ordre des lettres, etc.

• Finalement, la mémoire joue un rôle majeur dans l'apprentissage de la lecture. En effet, l'enfant doit mémoriser les sons qui correspondent aux lettres et retenir la signification des mots qu'on lui a enseignés et qu'il a lus.

Apprendre à comprendre la lecture

Beaucoup trop d'élèves n'ont jamais appris à comprendre ce qu'ils lisent, même s'ils décodent bien les mots et que leur lecture à voix haute est rapide et fluide. Ils éprouvent de la difficulté à donner de bonnes réponses à des questions de compréhension et à résoudre des problèmes écrits en mathématiques. La lecture nécessite plusieurs habiletés intellectuelles : les diverses informations contenues dans les textes doivent être traitées, et cela devient particulièrement difficile quand ces textes sont longs et abstraits.

- La lecture déclenche des images mentales. Certains enfants évoquent très peu d'images en lisant et, conséquemment, les contenus de lecture les motivent peu. En général, ce n'est pas le contenu objectif ou factuel qui nourrit l'intérêt pour la lecture, mais plutôt les images mentales qu'elle suscite. En effet, l'enfant, en lisant, doit voir des choses dans sa tête, comme s'il s'agissait d'un film, ou se dire mentalement des mots afin de comprendre ce qu'il lit et s'intéresser au contenu du texte. C'est grâce aux images mentales qu'il évoque en lisant qu'il peut se servir des indices fournis par le texte pour déduire la signification d'un mot qu'il ne connaît pas.

- L'enfant doit être capable de repérer des mots, des phrases ou des expressions dans le texte ; c'est cela qui lui donne l'information qu'il recherche. Par exemple, si on lui demande : « Quelle est la couleur de la robe de la petite fille ? », il doit être capable de repérer les mots désignant la couleur de la robe.

- Trop d'enfants, en particulier ceux qui ont un déficit de l'attention, éprouvent de la difficulté à choisir les informations pertinentes. En effet, l'enfant doit être capable d'une part de sélectionner, parmi les informations contenues dans le texte, celles dont il a besoin pour répondre à la question qu'on lui pose ou à ce qu'il recherche, et d'autre part de délaisser les informations qui ne sont pas pertinentes ou qui sont superflues.

- Il arrive souvent que les renseignements dont l'enfant a besoin pour exécuter une tâche ou pour répondre à une question se retrouvent à plusieurs endroits dans le texte. L'enfant doit d'abord les repérer et les sélectionner en éliminant ceux qui sont inutiles et, finalement, les regrouper afin de les résumer et de poser un jugement quant à leur pertinence pour la tâche à réaliser ou en fonction de la question posée.

- Le fait de bien comprendre ce qu'on lit suppose une capacité d'abstraction et de déduction. L'enfant doit parfois déduire une information qui n'est pas fournie de manière explicite dans le texte. L'opération de déduction se déroule quand l'enfant peut utiliser ses connaissances ou des indices contenus dans le texte.

- Au cours de son cheminement scolaire, l'enfant est en contact avec divers types de textes. Il y a des textes incitatifs dont l'objectif est d'amener le lecteur à agir ou qui visent à le convaincre : un mode d'emploi, les règles d'un jeu éducatif ou une annonce publicitaire. D'autres textes sont informatifs : ils sont conçus pour amener l'élève à augmenter ses connaissances dans les domaines culturel et scientifique. Les textes à contenu expressif sont centrés sur l'expression des sentiments, sur des impressions ou des réflexions personnelles de l'auteur. D'autres textes sont de nature poétique et visent à provoquer l'imaginaire du lecteur : c'est le cas des contes, des poèmes, des histoires fantastiques, etc. Finalement, les textes ludiques sont centrés sur l'humour et ont pour objectif de provoquer chez le lecteur plaisir et détente : pensons aux bandes dessinées, aux devinettes, etc.

Face à ces divers types de textes, l'enfant doit développer un jugement personnel et une pensée critique pour en arriver à distinguer un fait d'une opinion ou d'un sentiment, et à faire la différence entre le réel et l'imaginaire. Pour parvenir à une pensée logique et critique, l'enfant doit avoir surmonté son égocentrisme. Par exemple, si on lui demande : « Quelle est la pensée de l'auteur ? », l'enfant doit être capable de se décentrer de son point de vue pour se mettre mentalement à la place de l'auteur.

- Dès que l'enfant parvient à décoder la lecture, on lui propose assez rapidement des textes plus longs et plus abstraits. L'enfant fait face simultanément à plusieurs types de renseignements qu'il doit apprendre à traiter pour comprendre ce qu'il lit. Le traitement des informations contenues dans les textes ne peut se réaliser sans méthode. Ainsi, pour répondre adéquatement à une question sur un texte, l'enfant doit pouvoir répondre à trois questions élémentaires : « Qu'est-ce que je sais ? » (ou quelles sont les informations disponibles dans le texte ?), « Qu'est-ce que je cherche ? » (ou quelle est la question ? – la reformuler s'il le faut en ses propres termes pour bien la comprendre), et « Qu'est-ce que je réponds ? » (bien repérer et sélectionner l'information avant de répondre).

La lecture est une activité très complexe, car elle s'appuie sur des habiletés perceptuelles et intellectuelles, sur des opérations mentales et sur des stratégies de traitement de l'information que l'enfant doit parvenir à maîtriser.

Il y a aussi une dimension affective qui se manifeste dans la motivation ou l'intention de lecture. La lecture est essentiellement une rencontre entre un lecteur et un texte. C'est une interaction continuelle entre deux pôles : entre ce que l'élève sait déjà et ce que lui apporte le texte. La lecture est un moyen pour l'enfant de vivre du plaisir et d'augmenter ses connaissances. Ainsi, pour être motivé face à la lecture, l'enfant doit anticiper du plaisir ou comprendre l'utilité de cette activité.

Comment aider mon enfant ?

- Il est difficile pour un enfant d'être motivé par la lecture si ses parents ne lui donnent pas l'exemple. Les premières motivations pour la lecture ont leur source au sein du milieu familial. L'enfant doit régulièrement voir ses parents lire et constater qu'ils en retirent du plaisir et une certaine utilité. Il peut ainsi s'identifier à ces valeurs.

- Si votre enfant manifeste des difficultés persistantes dans le décodage ou dans la maîtrise du mécanisme de la lecture, communiquez avec son enseignant et évaluez avec lui la fréquence et la gravité de ces difficultés. Appliquez-vous à bien suivre ses conseils ou ses suggestions. S'il n'y a pas d'évolution significative, n'hésitez pas à demander l'aide de l'orthopédagogue de l'école. Dans une telle situation, l'orthopédagogie est un service auquel l'enfant a droit.

- Pour favoriser la compréhension de la lecture, il faut d'abord sélectionner et proposer des textes qui rejoignent les intérêts concrets de votre enfant. Par exemple, s'il aime les sports, proposez-lui des revues ou des articles qui en traitent.

- Il est important d'alimenter sa curiosité intellectuelle. Jusqu'à l'âge de 6 ou 7 ans, les enfants demandent souvent « pourquoi ». Par la suite, les « pourquoi » se transforment en « comment ». Au lieu de répondre verbalement à toutes ses questions et pour satisfaire sa curiosité intellectuelle, il est souvent avantageux de lui proposer une encyclopédie ou un dictionnaire.

- Toute activité professionnelle nécessite une utilisation judicieuse de méthodes et de stratégies. Le parent peut illustrer cette réalité en donnant l'exemple du menuisier qui doit suivre une série d'étapes et adopter de bonnes méthodes pour construire une cloison ou une maison. Il en va de même pour comprendre ce qu'on lit.

- Demandez à l'enseignant de quelle manière il montre en classe à traiter les informations contenues dans les textes. Durant les travaux scolaires à la maison, utilisez la même méthode ou les mêmes stratégies pour que votre enfant puisse les exercer, les généraliser et les conserver.

- Si votre enfant donne une mauvaise réponse à une question sur un texte, faites un retour sur la démarche qu'il a utilisée et amenez-le à comprendre que sa réponse est reliée directement à l'oubli d'une stratégie ou à sa mauvaise utilisation. Il est très important de centrer son attention sur sa démarche, sur sa méthode ou ses stratégies. Ainsi, il peut « apprendre à apprendre ».

- Aidez votre enfant à faire des liens entre les informations et les connaissances contenues dans les diverses matières scolaires et à découvrir leurs relations avec la vie courante. Ainsi, il sera plus « formé » qu'« informé », tout en devenant plus habile à faire des synthèses.

La lecture forme l'intelligence, nourrit l'imaginaire, ouvre l'esprit et enrichit la vie affective des enfants et des adultes. C'est une passion qu'il faut transmettre à nos enfants, un héritage dans lequel ils puiseront pour mieux cheminer dans la vie.

QUE FAIRE SI MON ENFANT EST INATTENTIF DANS SES TRAVAUX SCOLAIRES?

▼

Philippe, âgé de 8 ans, est en troisième année. Ses parents me consultent parce que ses résultats scolaires sont très faibles. Ils se posent des questions sur son potentiel intellectuel et sont inquiets pour la réussite de son année. De plus, ils sont excédés par les périodes des devoirs et des leçons qui prennent parfois l'allure d'une bataille rangée. Durant l'évaluation, Philippe manifeste plusieurs signes d'un déficit de l'attention avec impulsivité. En effet, il touche de façon compulsive à tous les objets qui se trouvent dans son champ de vision et il tourne la tête chaque fois qu'il entend un bruit. Il manifeste aussi des chutes de vigilance, c'est-à-dire une difficulté à soutenir son attention et sa concentration plus que quelques minutes à la fois. Il semble évident que Philippe n'est pas réceptif aux apprentissages scolaires à cause d'un sérieux problème d'attention et de concentration.

En trente-cinq ans de pratique auprès d'enfants et d'adolescents vivant des difficultés d'apprentissage, j'ai connu des centaines de jeunes qui manifestaient des difficultés semblables à celles de Philippe. Selon des études récentes, de 5 à 10 % des enfants et des adolescents présentent un déficit de l'attention et, parmi eux, plus de la moitié ont des difficultés d'apprentissage. Ainsi, la majorité de ces jeunes obtiennent de faibles résultats à l'école. Par contre, j'ai connu quelques enfants qui parvenaient à compenser leurs difficultés d'attention par des capacités intellectuelles supérieures à la moyenne. Il leur suffisait d'être attentifs quatre ou cinq minutes durant une explication d'une quinzaine de minutes pour repérer et sélectionner l'essentiel de l'explication. Par contre, plusieurs de ces enfants ont fini par éprouver quelques années plus tard des difficultés d'apprentissage parce que les notions enseignées sont devenues plus longues et plus abstraites. L'intelligence seule ne suffisait plus.

Depuis une dizaine d'années, je constate qu'il y a de plus en plus d'enfants référés pour un déficit de l'attention. Plusieurs intervenants soulignent ce phénomène, mais il n'y a pas de statistiques récentes pour en évaluer l'ampleur et pour confirmer son aggravation. Ce phénomène a-t-il toujours existé ou a-t-on dépisté davantage ces enfants au cours des dernières années ? Nous savons que nos jeunes sont bombardés de stimuli auditifs et visuels de toutes sortes. Est-ce que cette pollution de stimulations provoque une hyperexcitabilité sensorielle chez nos enfants ? Aurions-nous négligé de leur faire développer une attention sélective ?

Les enfants sont plus sujets à des changements dans la structure familiale, vivent plus de discontinuités dans leurs relations, et leurs capacités d'adaptation sont plus sollicitées ; pour leur part, les adultes vivent plus d'insécurité financière et relationnelle. Est-ce que cette instabilité et cette insécurité provoquent de la fébrilité et des difficultés d'attention chez les jeunes ? Les milieux éducatifs sont-ils moins tolérants face aux difficultés d'attention et de concentration des enfants ? Ces questions et ces hypothèses doivent être explorées et vérifiées.

Le déficit de l'attention constitue un problème complexe qui suscite une variété d'opinions et d'interprétations de la part des spécialistes et des intervenants scolaires. Pour juger de l'importance des difficultés d'attention de son enfant, il faut toujours avoir en tête les paramètres suivants :

L'intensité. On fait référence ici à la perception de la gravité des difficultés d'attention. Cette perception varie chez les adultes selon leurs valeurs et leurs seuils de tolérance, et elle est également variable selon les milieux. Je me souviens d'un enfant dont une école avait estimé que les difficultés d'attention étaient très graves ; quelques mois plus tard, l'enfant changeait d'école parce que sa famille déménageait. Dans le nouveau milieu scolaire, on avait perçu des difficultés d'attention chez le nouvel élève, mais les intervenants avaient estimé qu'ils en avaient connu de bien pires chez d'autres enfants. Cette relativité dans la perception de l'intensité ou de la gravité d'un problème d'attention est dangereuse et trop souvent subjective. Elle est parfois source d'injustice, car l'enfant peut être facilement étiqueté par son milieu scolaire ou par son entourage.

La fréquence. Je me plais souvent à dire aux enseignants que tous les élèves sont attentifs, mais pas en même temps et pas toujours à propos de la même chose. Étant donné que les enseignants s'adressent à un groupe, il est normal qu'ils s'attendent à ce que tous leurs élèves soient attentifs en même temps à leurs consignes ou à leurs explications. Or, il s'agit d'un objectif souvent irréaliste, car les enfants ne sont pas égaux, ils ne sont pas motivés également et ils n'ont pas tous la même capacité d'attention et de concentration. Cette variabilité s'observe aussi chez les adultes. Par contre, la fréquence d'inattention est plus grande chez certains enfants comparativement aux autres jeunes de leur âge. Ceux-là sont rarement attentifs aux consignes et aux explications de groupe. La fréquence de l'inattention peut se mesurer par une observation systématique à partir de critères objectifs. Par contre, il faut vérifier si la fréquence de l'inattention est plus grande au cours d'une activité donnée. Si c'est le cas, il y a lieu de s'interroger sur la motivation de l'enfant par rapport au contenu de cette activité. Si votre enfant est inattentif dans plusieurs activités différentes, il est possible qu'il présente un déficit de l'attention.

La durée. Depuis combien de temps votre enfant manifeste-t-il des difficultés d'attention et de concentration ? Si ce problème n'existe que depuis quelques semaines ou quelques mois, il est possible que ce ne soit pas un déficit de l'attention, mais plutôt le symptôme de préoccupations psychologiques ou d'un manque de motivation. La majorité des problèmes des enfants surviennent en réaction à des événements de leur vie qui les stressent et qu'ils n'ont pas résolus. L'enfant peut être facilement distrait ou lunatique dans ces circonstances et il s'agit de l'aider à régler ce qui le préoccupe pour qu'il devienne plus réceptif, plus attentif et davantage concentré. C'est la persistance ou la durée à long terme d'un problème d'attention, malgré des tentatives d'aide de l'enfant, qui permet de parler d'un réel déficit de l'attention ; ce déficit devra être confirmé par un examen neurodéveloppemental ou neurologique.

Quels sont les signes observables d'un déficit d'attention chez l'enfant ?

L'Association américaine de psychiatrie a publié un manuel de diagnostic (DSM IV, 1996) dans lequel elle énumère les principaux symptômes du déficit de l'attention. Elle précise que, pour diagnostiquer un déficit de l'attention, au moins six des symptômes suivants doivent être manifestes et que ceux-ci doivent persister pendant au moins six mois.

L'enfant :

- parvient rarement à prêter attention aux détails ou fait des fautes d'étourderie dans ses travaux scolaires ou dans d'autres activités ;

- a souvent du mal à soutenir son attention au travail ou dans les jeux ;

- semble souvent ne pas écouter quand on lui parle personnellement ;

- ne se conforme pas souvent aux consignes et ne parvient pas à mener à terme ses devoirs scolaires et ses tâches domestiques ou à assumer ses responsabilités (cela n'est pas dû à un comportement d'opposition, ni à une incapacité à comprendre les consignes) ;

- a souvent du mal à organiser ses travaux ou ses activités ;

- évite souvent, a en aversion ou fait à contrecœur les tâches qui nécessitent un effort mental soutenu (comme le travail scolaire ou les devoirs à la maison) ;

- perd souvent les objets nécessaires à son travail ou à ses activités (jouets, cahiers de devoirs, crayons, livres ou outils, etc.) ;

- se laisse souvent distraire par des stimuli extérieurs ;

- a des oublis fréquents dans la vie quotidienne.

L'Association ajoute que ces symptômes doivent être présents avant l'âge de 7 ans et qu'ils doivent perturber de façon significative le fonctionnement scolaire ou social de l'élève ; finalement, ils ne doivent pas être associés à un trouble sévère du développement ou reliés à un trouble mental comme la schizophrénie ou la psychose.

Ce sont ces symptômes ou ces critères qui sont le plus fréquemment utilisés dans le diagnostic. Dans le jargon professionnel, on parle du déficit de l'attention avec ou sans hyperactivité. J'ai connu plusieurs enfants qui présentaient un déficit de l'attention sans être hyperactifs; on les dépiste moins souvent car ils ne dérangent pas les groupes, mais leur inattention compromet la qualité de leurs apprentissages. Par contre, leurs difficultés d'attention sont souvent accompagnées d'une impulsivité dans leurs réponses motrices et verbales.

Impulsivité

L'Association américaine de psychiatrie mentionne trois symptômes de l'impulsivité associés au déficit de l'attention.

L'enfant:

- laisse souvent échapper la réponse à une question qui n'a pas fini d'être posée;
- a du mal à attendre son tour;
- interrompt souvent les autres ou impose sa présence (par exemple, fait irruption dans les conversations ou dans les jeux).

Il est important de se demander si cette impulsivité est l'effet d'une anxiété ou d'un manque d'habileté sociale. Par contre, si elle est associée à au moins six symptômes d'un déficit de l'attention, elle risque d'être d'origine neurophysiologique. La principale caractéristique de l'enfant impulsif est le fait qu'il agit souvent avant d'avoir pensé ou réfléchi. Cette impulsivité cause souvent de l'inquiétude ou du désarroi chez les parents. En effet, l'enfant peut traverser la rue sans regarder, ou poser des gestes nettement irréfléchis. Ce problème est causé par un manque de contrôle des impulsions et non par une hostilité face au monde extérieur.

L'enfant impulsif agit tellement rapidement qu'il en est souvent le premier surpris, comme si l'acte avait été commis par quelqu'un d'autre. Un enfant impulsif m'a clairement décrit sa difficulté : « C'est comme s'il y avait un gros ressort en dedans de moi et j'essaie de le retenir, mais parfois il saute tout seul, sans que je le veuille. » Cette impulsivité se manifeste notamment dans l'écriture et le coloriage : l'enfant déborde les lignes parce qu'il est incapable de freiner ses gestes. Il est souvent le premier à lever sa main pour répondre à une question de l'enseignant, même s'il ignore la réponse. Cette impulsivité l'empêche de réfléchir. Voici un problème mathématique posé à un enfant impulsif d'environ 8 ans : « Mon père a 42 ans, il achète une chemise de 40 dollars et une cravate de 35 dollars, combien a-t-il payé en tout ? » Il n'est pas rare que l'enfant impulsif additionne rapidement 42, 40 et 35. Son impulsivité bloque ainsi l'utilisation de son raisonnement logique. Elle l'amène à produire plusieurs erreurs qui consternent l'enseignant et les parents. Dans la plupart des cas, ce n'est pas un problème de logique, mais plutôt un manque de disponibilité à cette logique.

Les causes du déficit de l'attention

Parmi les nombreuses hypothèses servant à expliquer le déficit de l'attention, mentionnons que les plus populaires sont la notion d'atteinte cérébrale, les complications néonatales, les facteurs toxiques, le retard de maturation, les dysfonctions cérébrales, les facteurs génétiques et héréditaires et les facteurs sociaux. Aucune recherche sérieuse n'a jusqu'à ce jour établi de rapports directs, de cause à effet, entre des facteurs précis et le déficit de l'attention. La plupart des spécialistes s'entendent pour dire que ce syndrome doit être considéré comme un problème neurodéveloppemental influencé par plusieurs facteurs. Il est de nature fonctionnelle plutôt que lésionnelle, et se rapporte au développement du système nerveux central. C'est un problème essentiellement neurophysiologique.

Étant donné que les causes ne sont pas précises, il n'est pas facile d'apporter de l'aide aux enfants qui souffrent de ce déficit. Globale et systématique, cette aide doit inclure les parents, les intervenants scolaires et les spécialistes. Il est plus profitable d'aider ces enfants à compenser leurs difficultés d'attention que d'espérer les faire disparaître complètement.

Ce que vivent ces enfants

L'attention est un processus de fixation, de sélection et de renforcement qui permet de choisir les informations utiles à la perception et à l'exécution d'une activité. Ainsi, face à une tâche qui nécessite de l'attention, l'enfant doit être capable de repérer des informations, puis de sélectionner celles qui sont essentielles pour accomplir l'activité ou fournir une réponse juste. Pour apprendre, il faut être capable d'une attention sélective. Et pour sélectionner les bonnes informations, il faut filtrer, éliminer ou repousser celles qui sont accessoires. C'est là que se situe le déficit d'attention. En effet, les enfants qui en souffrent sont souvent incapables de filtrer les divers stimuli auditifs et visuels qui surviennent dans leur champ immédiat et, ainsi, d'éliminer ceux qui sont inutiles.

La plupart d'entre nous sommes capables de lire en écoutant de la musique ou de réaliser un travail intellectuel, même si d'autres personnes se déplacent dans la même pièce. Nous avons une forme de filtre pour repousser ou éliminer les stimulations extérieures (musique, bruits de pas, etc.) qui ne sont pas pertinentes à la tâche que nous accomplissons. C'est ainsi que nous réussissons à nous centrer sur l'essentiel. C'est justement ce système de filtrage qui fait défaut chez l'enfant ayant un déficit de l'attention. Tous les stimuli le dérangent et l'excitent. Il est victime de ces stimuli qui l'agressent continuellement. L'absence de filtrage le rend vulnérable. Nous pouvons facilement imaginer que tout le distrait en classe : des enfants qui se déplacent, une règle qui tombe par terre, un éternuement, un oiseau qui passe devant la fenêtre, etc. L'enfant est donc peu réceptif aux explications de l'enseignant et peu disponible pour le travail en cours.

Le même comportement d'inattention peut se produire à la maison durant les devoirs et les leçons. Le manque d'attention de l'enfant empêche celui-ci de bien percevoir et d'exécuter une série de consignes. Les adultes peuvent le juger comme étant opposant ou indifférent. Il est très important de comprendre que ce n'est pas parce qu'il ne veut pas être attentif, mais plutôt parce qu'il est incapable d'une réelle attention sélective. Il faut donc l'aider à acquérir cette attention.

Ces enfants qui présentent un déficit de l'attention peuvent se sentir jugés négativement. À moyen ou à long terme, plusieurs intériorisent une image négative d'eux-mêmes à force de recevoir des réactions négatives. Ils vivent des échecs scolaires ou ont de faibles résultats. Ils sont souvent déçus d'eux-mêmes. Ils se dévalorisent, sont dépressifs ou révoltés. Ils développent fréquemment une aversion pour l'école, qui représente pour eux un lieu de frustration et de rejet. Ils sont des candidats idéaux pour l'abandon scolaire.

Comment aider ces enfants ?

- Évitez de conclure trop rapidement que votre enfant présente un déficit de l'attention. Si son enseignant vous informe qu'il est facilement distrait en classe, demandez-lui de compiler des observations objectives basées sur des critères précis qui se rapportent à l'attention et la concentration.

• Précisez si ces difficultés d'attention surviennent selon les situations ou si elles proviennent d'une réaction à un manque de motivation. Il peut arriver que votre enfant soit peu attentif aux notions vues en classe parce qu'il les juge peu intéressantes ; ou les approches pédagogiques de son enseignant ne sont pas stimulantes. Si c'est le cas, encouragez votre enfant à trouver du plaisir à apprendre ou à percevoir l'utilité de ce qu'il apprend ; il ne peut changer le programme ou le style de son enseignant, mais il peut changer sa perception des choses.

• Si vous avez compilé plusieurs observations objectives qui vont dans le sens d'un déficit de l'attention chez votre enfant, autant à l'école qu'à la maison, évaluez sa situation selon les trois paramètres (intensité, fréquence et durée), en vous basant sur les critères décrits précédemment. Si tous ces renseignements semblent confirmer ce syndrome, prenez un rendez-vous avec son pédiatre en prenant bien soin de lui apporter tous les renseignements dont vous disposez.

• Le pédiatre procédera à un examen physique de votre enfant et, dans la plupart des cas, il complétera le premier examen par une évaluation neurodéveloppementale. Si le pédiatre confirme ce diagnostic, il est fort possible qu'il prescrive pour votre enfant un neurostimulant comme le *Ritalin*. Beaucoup de parents sont rébarbatifs à l'idée de cette médication, d'autant plus que plusieurs médias ont alerté le public sur la nature et les effets de ce médicament. Pour ma part, je crois qu'il faut fonctionner le plus possible sans médication ; mais j'ai aussi observé des effets très bénéfiques de ce médicament chez un grand nombre d'enfants quand il était prescrit avec un programme de compensation du trouble de l'attention.

Le médicament ne réduit que les symptômes, il ne corrige pas en profondeur le déficit de l'attention. N'hésitez pas à poser toutes les questions que vous jugez utiles au pédiatre sur la nature et les effets de ce médicament. Il est important que vous soyez en paix avec votre décision.

- Amenez votre enfant à comprendre que l'attention et la concentration peuvent s'apprendre. Appuyez vos dires sur des exemples concrets; comment vous-même ou d'autres enfants êtes parvenus à une meilleure attention.

- Encouragez votre enfant à observer les attitudes d'attention de ses camarades ou des adultes. Amenez-le à préciser où, quand et comment ces personnes manifestent de l'attention. Donnez-lui aussi des exemples que vous avez observés.

- Amenez votre enfant à prendre conscience, par des exemples concrets, de ses propres difficultés d'attention, sans le dévaloriser ou le culpabiliser.

- Amenez votre enfant à identifier les stimuli visuels et auditifs qui le distraient le plus. Confiez-lui ainsi une mission d'observation de son fonctionnement pour qu'il prenne conscience, par exemple, qu'il est distrait par les objets sur sa table de travail, par les bruits de pas, etc. Il est souhaitable qu'il fasse la liste des choses qui le distraient le plus et qu'il affiche cette liste bien en vue.

- Encouragez votre enfant à prendre conscience des circonstances particulières où il est plus distrait. Encore là, vous lui confiez une mission d'observation. L'enfant peut découvrir, par exemple, qu'il est plus facilement distrait durant l'épellation ou quand il écrit, etc.

- Suggérez à votre enfant un objectif réaliste. Par exemple: ne plus se laisser distraire par les objets sur la table.

Donnez-lui régulièrement des commentaires positifs lorsqu'il est attentif malgré la présence de ce qui le distrait. Lorsqu'il a atteint son objectif pendant un certain temps, suggérez-lui un autre objectif réaliste.

• Encouragez votre enfant à trouver des moyens personnels ou à inventer des stratégies susceptibles de l'aider à être plus attentif : repousser les objets, aller dans un endroit plus isolé, etc.

• Suggérez à votre enfant des stratégies pour filtrer les stimuli. Par exemple, je repousse avec ma main l'objet qui me dérange, je ferme les yeux et je refais mentalement le mouvement de ma main ou je me dis que je n'ai pas besoin de regarder le livre qui vient de tomber, car je sais que c'est un livre.

• Suggérez à votre enfant des stratégies de traitement des informations. Nous traitons les données de la même façon que l'ordinateur. Il y a d'abord *a)* l'entrée des informations (bien regarder, repérer et sélectionner), *b)* l'élaboration de celles-ci (faire des liens entre ce que je vois et ce que j'ai déjà vu, analyser, anticiper les opérations ou la solution, etc.) et *c)* la sortie des informations ou la réponse (donner une réponse claire et logique, facilement compréhensible, etc.).

Le déficit de l'attention empêche une bonne entrée ou une juste perception des données essentielles, tandis que l'impulsivité perturbe l'élaboration et les réponses car elle ne laisse pas de place à la mentalisation et la réflexivité. Il faut donc suggérer à l'enfant des moyens concrets pour bien appliquer chacune des trois étapes du processus de traitement des informations. Par exemple, pour résoudre un problème mathématique, je trace au marqueur bleu les données fournies dans l'énoncé du problème, je souligne avec un marqueur d'une autre couleur la question posée, je reformule en mes propres mots le sens de la question pour m'assurer que je la comprends bien, je prends le temps d'anticiper l'opération nécessaire et, pour finir, je prends soin de ne pas faire d'erreur dans la réponse. Les enfants qui souffrent d'un déficit de l'attention ont souvent de la difficulté à planifier et à établir une méthode de travail, d'où la nécessité de les soutenir concrètement.

- Encouragez votre enfant à dédramatiser ses erreurs et à les corriger. Il y parviendra plus facilement si vous acceptez vous-même vos propres erreurs et celles de votre enfant. Quand il se corrige lui-même, l'enfant compense souvent certains effets négatifs de son impulsivité.

- Amenez votre enfant à se comparer à lui-même sur le plan de sa capacité d'attention et de concentration. Il est bon que vous utilisiez un tableau avec un graphique illustrant le progrès de son attention en nombre de minutes. Encouragez-le à se proposer lui-même des objectifs réalistes.

- Enfin, il est très important de favoriser l'estime que l'enfant a de lui-même en soulignant ses qualités, ses forces et ses talents particuliers dans plusieurs domaines. Cette estime de soi lui fournira l'énergie nécessaire pour surmonter ses difficultés, notamment son déficit de l'attention. Tous les espoirs seront permis.

QUE FAIRE POUR AIDER MON ENFANT À MIEUX APPRENDRE ?

▼

J'ai rencontré des centaines de parents qui me consultaient pour obtenir des conseils afin de mieux aider leurs enfants dans leurs apprentissages à l'école. Plusieurs d'entre eux n'avaient connu aucune difficulté particulière à l'école et ne comprenaient pas pourquoi leurs rejetons bloquaient sur des notions élémentaires en lecture, en écriture ou en mathématiques. En effet, il est difficile pour un parent dont l'apprentissage s'est bien déroulé de comprendre que son enfant ne suive pas naturellement le même chemin. Par contre, pour un parent qui a vécu une histoire scolaire parsemée de difficultés et d'échecs, il est très pénible de constater que son enfant risque de vivre les mêmes affres que lui.

De nombreux parents sont persuadés que les difficultés d'apprentissage de leurs enfants sont causées par un manque de volonté ou d'intelligence. Dans la majorité des cas, ce n'est pas le cas. Ces enfants n'ont tout simplement pas appris à apprendre.

Je me souviens d'un père qui me confiait avec exaspération qu'il cherchait depuis quatre ans à aider son fils à mémoriser des mots de vocabulaire et que ce dernier hurlait à chacune de ces occasions. Je lui demandai comment il aidait son enfant à mémoriser. Il me répondit : « C'est très simple, je lui dis par exemple le mot "éventail" et je lui demande ensuite de l'épeler et de l'écrire. »

J'ai suggéré à cet homme plusieurs stratégies pour apprendre des mots de vocabulaire, je lui ai conseillé par exemple d'expérimenter chacune d'elles avec son fils afin de vérifier si la mémorisation se faisait mieux avec l'une ou l'autre. Ce père imposait à son enfant la façon de mémoriser qu'il avait lui-même apprise, oubliant ou ignorant que chacun n'apprend pas de la même façon. En effet, il faut trouver les stratégies avec lesquelles l'enfant est à l'aise pour percevoir, traiter et émettre de l'information. Tout est dans la manière ; or, certains enfants maîtrisent très peu de stratégies ou les stratégies qu'ils utilisent sont inefficaces.

Nous ignorons souvent que l'intelligence fonctionne un peu comme un ordinateur : il y a l'entrée de l'information *(l'input)* et le traitement de celle-ci, et il y a l'émission *(l'output)*. À chacune de ces étapes, il y a plusieurs stratégies possibles. Pendant des siècles, on s'est acharné sur l'entrée de l'information, en considérant l'apprentissage comme une simple question de mémorisation. Les gens étaient convaincus qu'il s'agissait de bien transmettre les connaissances et que celles-ci s'imprimaient naturellement dans la mémoire comme dans une cire molle. On accordait beaucoup d'importance à la mémorisation par répétition : plus on répète, plus ça s'imprime. Les élèves qui n'arrivaient pas à retenir les informations étaient jugés paresseux ou idiots.

Au cours des dernières décennies, le courant behavioriste a développé de nouvelles techniques pour aborder ces deux étapes du processus d'apprentissage, l'entrée et l'émission. En ce qui concerne l'entrée, on a découpé l'apprentissage en petits objectifs gradués, et pour ce qui est de l'émission, on a récompensé concrètement et immédiatement les bonnes réponses pour s'assurer qu'elles se conservaient.

Ce n'est que depuis environ 25 ans qu'on s'intéresse davantage à ce qui se passe dans la tête de l'élève entre ces deux étapes, au moment du traitement de l'information. Dans les écoles, on est devenu plus conscient que, pour l'ensemble du processus d'apprentissage, l'enseignement doit être centré sur les stratégies. On a compris que c'est grâce à elles que l'enfant peut apprendre à apprendre.

Qu'est-ce que l'apprentissage ?

L'apprentissage peut être défini comme un processus actif et graduel d'acquisition de connaissances et d'habiletés qui vont des plus simples aux plus complexes, et qui s'intègrent les unes aux autres. Il s'agit d'un processus dynamique où les connaissances se généralisent en habiletés et en savoir-faire qui s'avèrent utiles pour la vie présente et future de l'individu. La vie est une longue série d'apprentissages, avec des progressions subites et des périodes plus tranquilles. Ces apprentissages caractérisent et définissent le développement de tout individu. Ils sont aussi dynamiques que la vie, car ils se confondent avec elle.

L'enfant doit avoir des outils pour apprendre, des capacités perceptives, intellectuelles, neuromotrices, etc. Celles-ci se développent graduellement, suivant des rythmes qui varient d'un enfant à un autre. Il est très important de reconnaître et surtout de respecter les rythmes d'évolution de chaque enfant. On ne peut pas faire apprendre n'importe quoi à n'importe qui. Tout dépend de la complexité de l'apprentissage et des outils que l'enfant possède. Par exemple, on ne peut demander à un élève de 6 ans d'effectuer des divisions avec des nombres.

Cet enfant ne possède pas les préalables scolaires et surtout les outils intellectuels nécessaires pour effectuer une telle opération.

Il y a toutefois des enfants qui ont le potentiel nécessaire pour apprendre, mais qui ne savent pas comment s'en servir, tout comme un bricoleur qui aurait reçu un outil en cadeau mais qui ne saurait pas comment l'utiliser. C'est là qu'interviennent les stratégies ou les façons de faire, parmi lesquelles l'enfant doit apprendre à choisir.

Il est essentiel de comprendre que la sélection des stratégies d'apprentissage est largement influencée par le style cognitif privilégié de l'enfant. Le style cognitif est une modalité particulière par laquelle quelqu'un perçoit, traite et émet les informations. Autant il y a de différences entre les personnalités de chacun, autant il y en a entre les différents modes de fonctionnement intellectuel. Le style cognitif privilégié de l'enfant est stable dans le traitement de l'information, contrairement au style d'apprentissage qui est modifiable et influencé par les approches didactiques de l'enseignant. Trop d'écoles ne tiennent pas compte dans leurs pratiques éducatives des divers styles cognitifs de leurs élèves. Howard Gardner, un grand chercheur américain, et son équipe ont répertorié sept formes d'intelligence ou de styles cognitifs chez les enfants et les adultes, démontrant ainsi que nous n'apprenons pas tous de la même façon.

L'intelligence au pluriel

L'intelligence ne s'accorde ni au masculin ni au féminin, mais Howard Gardner et son équipe ont découvert, après vingt ans d'observations systématiques des manifestations de l'intelligence humaine, qu'elle peut prendre la forme plurielle. En effet, ils ont précisé qu'il y a de multiples formes d'intelligence chez les enfants et les adultes, mais que seules quelques-unes d'entre elles sont sollicitées et valorisées dans notre société occidentale et particulièrement dans nos écoles.

L'intelligence fait l'objet d'études, de discussions et de controverses depuis l'Antiquité. Nous avons tous une conception personnelle de l'intelligence. Dans les sociétés occidentales et capitalistes, on juge les capacités intellectuelles d'un individu par les résultats ou par les productions concrètes. Ainsi, on jugera souvent qu'un millionnaire est intelligent alors que qu'on reconnaît beaucoup moins un artiste qui travaille dans l'isolement, même si ce dernier fait preuve de beaucoup de créativité et d'ingéniosité. Malheureusement, pour être bien considérée, l'intelligence doit être rentable.

Je constate cette même conception limitée de l'intelligence chez des enseignants, des directeurs ou directrices d'école et des parents. On juge trop sommairement les capacités intellectuelles d'un élève en fonction des résultats scolaires qu'il obtient. C'est une conception quantitative et statique de l'intelligence. Cette perception des capacités intellectuelles alimente une angoisse partagée par la majorité des parents. En effet, tout parent vit de l'appréhension et de l'inquiétude avant même la naissance du bébé. Cette angoisse est variable en intensité d'un parent à l'autre, mais tout parent se pose cette question plus ou moins consciemment: « Est-ce que mon bébé sera normal ? » ou « Est-ce qu'il aura tous ses membres et organes vitaux ? » Cette même angoisse quant à la normalité de son enfant resurgit quelques années plus tard lorsque le petit débute l'école: « Est-ce que mon enfant sera normal ? »

Cette anxiété parentale se justifie en bonne partie par le fait qu'on interprète de façon normative les résultats scolaires des élèves, résultats basés sur des moyennes de groupes. Si les résultats scolaires de l'enfant se situent au-dessus de la moyenne, l'enfant sera perçu comme supérieur; si ses résultats sont malheureusement au-dessous de la moyenne, il sera considéré comme inférieur et… anormal. Cette conception un peu simpliste de l'intelligence circule un peu trop dans nos écoles et fait en sorte que les parents se posent de douloureuses mais fausses questions sur les capacités intellectuelles de leurs enfants.

Depuis près de cent ans, on tente de mesurer l'intelligence avec divers tests psychométriques. Sans nier la pertinence de certains de ces tests, plusieurs d'entre eux ne mesurent que les résultats concrets de certaines fonctions intellectuelles dans des situations artificielles et limitées. Les résultats sont surtout quantitatifs et on y évalue les capacités de la personne en comparant ses résultats à une norme. Heureusement, la majorité des professionnels qui procèdent à des évaluations d'élèves ne se limitent pas à ces seuls résultats. Ils les interprètent à la lumière de l'ensemble du fonctionnement de l'enfant. Toutefois, dans la plupart des milieux éducatifs, on juge encore trop l'intelligence des élèves selon les résultats qu'ils obtiennent dans ce genre de tests standardisés, qu'ils soient scolaires ou psychométriques (tests d'intelligence). On commence à peine à comprendre la nature intrinsèque et dynamique de l'intelligence.

Qu'est-ce que l'intelligence ?

Jean Piaget considère l'intelligence comme étant la capacité d'adaptation d'un individu. Ce grand chercheur a découvert que l'intelligence humaine se développe en périodes et en stades qui s'intègrent les uns aux autres dans un continuum développemental.

L'intelligence est dynamique et mobile. Elle connaît continuellement des déséquilibres et des rééquilibres au fur et à mesure que l'enfant fait face à des défis qui lui permettent d'intégrer les multiples habiletés et connaissances auxquelles son existence l'éveille. L'intelligence peut être évaluée qualitativement par la capacité de l'individu à résoudre des problèmes, concrets ou abstraits, et de s'adapter à son environnement. Jean Piaget et ses disciples ont notamment décrit le fonctionnement de l'intelligence en fonction des multiples stratégies qu'elle utilise. La résolution de problèmes et l'adaptation qui en découle ne peut se faire sans une utilisation judicieuse de stratégies. Ainsi, plus un enfant dispose d'une grande variété de stratégies, plus il peut résoudre les problèmes, s'adapter et apprendre. En conséquence, il s'agit d'apprécier les capacités intellectuelles d'un enfant ou d'un adulte selon la variété et la pertinence des stratégies qu'il utilise pour résoudre les problèmes auxquels il fait face. Ainsi l'intelligence peut être évaluée par la pertinence, la mobilité et la flexibilité des stratégies et non pas uniquement par des résultats statiques et isolés.

Gardner a décrit sept formes d'intelligence. Voyons les caractéristiques propres à chacune de ces formes d'intelligence ou styles cognitifs, et les stratégies qui en découlent.

L'intelligence linguistique

Notre société occidentale valorise beaucoup le langage, oral et écrit. L'enfant qui présente un retard de langage est plus susceptible que les autres de vivre des échecs scolaires, surtout en lecture et en écriture. Beaucoup d'enfants sont particulièrement habiles à utiliser le langage pour apprendre. Ils ont un vocabulaire étendu, saisissent bien les nuances entre les mots, sont capables d'utiliser des synonymes et des antonymes, et leurs phrases sont bien construites, qu'ils s'expriment de vive voix ou par écrit. Ils appliquent souvent les règles de la syntaxe de façon spontanée. Ces enfants apprennent plus facilement de façon auditive, verbale et séquentielle. Cette intelligence linguistique est celle des écrivains, des poètes, des orateurs. Il est évident que l'élève qui utilise surtout cette forme d'intelligence a plus de chances que les autres d'être habile en lecture et en écriture, ainsi qu'en communication orale. C'est la forme d'intelligence la plus sollicitée en classe.

Voici un résumé des principales caractéristiques de l'intelligence linguistique [8]. L'enfant:

- écrit mieux que la moyenne des enfants de son âge;
- raconte de longues histoires ou des blagues;
- a une bonne mémoire des noms, des endroits, des dates ou des détails;
- aime les jeux de vocabulaire;
- aime lire des livres;
- est bon en orthographe (pour le préscolaire, il a une connaissance de l'orthographe avancée pour son âge);
- aime les rimes burlesques, les calembours, les phrases difficiles à prononcer, etc.;
- aime écouter des histoires, des commentaires à la radio, des livres cassettes, etc.;
- communique oralement avec beaucoup d'aisance.

Quelques conseils pour favoriser l'apprentissage scolaire:

- Faire des jeux de mots pour la mémorisation auditive.
- Répéter souvent de façon verbale les consignes et les explications.
- Amener l'enfant à répéter verbalement les explications.

---

[8] Inspiré de ARMSTRONG, T. (1994) « *Les intelligences multiples en classe* ». Montréal : Chenelière/McGraw-Hill, 1999.

- Utiliser un magnétophone pour mémoriser plusieurs informations.
- Inviter l'enfant à lire à haute voix pour comprendre un texte plus complexe.

L'intelligence logico-mathématique

Il s'agit ici de l'intelligence de la pensée dite scientifique. Les enfants qui ont cette forme d'intelligence sont habiles à faire des liens logiques entre les informations. Pour eux, tout doit s'expliquer par la logique. Ils apprennent plus facilement si les informations sont ordonnées et en séquences. Ils comprennent bien les relations de cause à effet entre divers éléments et situations. Ils sont particulièrement compétents pour faire des liens logiques, des classifications, des équations et des opérations mathématiques. Ils réfléchissent et acceptent difficilement l'idée du hasard. Certains élèves particulièrement doués peuvent résoudre très rapidement des problèmes mathématiques complexes, de façon intuitive ; parfois, ils ne peuvent même pas expliquer leur raisonnement. La plupart sont de mauvais pédagogues.

Voici un résumé des principales caractéristiques de l'intelligence logico-mathématique[9]. L'enfant :

- pose beaucoup de questions sur le fonctionnement des choses ;
- résout rapidement des problèmes arithmétiques dans sa tête (pour le préscolaire, il comprend des notions de mathématiques avancées pour son âge) ;
- aime les cours de mathématiques (pour le préscolaire, il aime compter et faire d'autres activités avec les nombres) ;

---

[9] ARMSTRONG, *op. cit.*

- s'intéresse aux jeux de mathématiques informatisés (s'il n'a pas accès à un ordinateur, il aime les autres jeux de mathématiques ou de calcul);
- aime jouer aux dames, aux échecs ou à d'autres jeux de stratégie (pour le préscolaire, les jeux de table où on doit compter les cases);
- aime résoudre des problèmes logiques;
- aime disposer les choses par catégories ou selon une hiérarchie;
- aime faire des expériences selon un processus de réflexion cognitive élevé;
- pense de façon plus abstraite ou plus conceptuelle que ses pairs;
- a une bonne notion de cause à effet pour son âge.

Quelques conseils pour favoriser l'apprentissage scolaire:

- Ne jamais présenter une notion de façon isolée. Faire des liens entre ce que l'enfant a déjà appris et la nouvelle notion.
- Donner des explications de façon séquentielle et logique.
- Amener l'enfant à exprimer la logique qu'il perçoit pour chaque nouvelle notion.
- Encourager l'enfant à appliquer rapidement sa compréhension d'un problème à d'autres problèmes semblables.
- Utiliser des réseaux logiques et des classifications pour qu'il situe chaque apprentissage dans un ensemble de savoirs.
- Faire connaître à l'enfant l'utilité concrète de chaque apprentissage.

D'après Gardner, les intelligences linguistique et logico-mathématique sont les plus sollicitées dans l'enseignement. Il estime que plus de 80 % des matières scolaires font appel aux compétences linguistiques et logico-mathématiques, à cause des contenus des programmes. Les élèves qui ont ces deux formes d'intelligence vivent peu d'échecs scolaires et constituent une minorité de ma clientèle. Par contre, Gardner a identifié cinq formes d'intelligence qui sont tout aussi réelles, mais qui sont peu valorisées dans le système scolaire actuel.

L'intelligence musicale

J'ai connu plusieurs enfants qui vivaient des échecs scolaires mais qui se montraient particulièrement compétents à harmoniser des sons, à rythmer des mots et à mémoriser des mélodies. Ces enfants apprennent beaucoup plus facilement quand on utilise des rythmes pour leur transmettre des informations. Ils saisissent rapidement la succession et la durée des stimuli auditifs. Ils sont capables d'entendre plusieurs sons en même temps et de les disposer en une certaine harmonie. C'est l'intelligence des compositeurs, des musiciens, des chanteurs.

Voici un résumé des principales caractéristiques de l'intelligence musicale[10]. L'enfant :

- est sensible aux sons et aux erreurs de tonalité ;
- se souvient des mélodies des chansons ;
- a une belle voix pour chanter ;
- joue d'un instrument de musique, chante dans une chorale ou dans un groupe (pour le préscolaire, il aime jouer des percussions ou chanter en groupe) ;
- parle ou bouge avec du rythme ;
- fredonne inconsciemment ;

---

[10] ARMSTRONG, *op. cit.*

- tambourine avec rythme sur la table ou sur le pupitre en travaillant;
- est sensible aux bruits environnants (par exemple la pluie sur le toit);
- réagit favorablement à la musique;
- chante des chansons apprises en dehors de la classe.

Quelques conseils pour favoriser l'apprentissage scolaire:

- Utiliser des chansons et des comptines pour stimuler la mémoire.
- Amener l'enfant à rythmer avec ses mains ou ses pieds ce qu'il doit apprendre.
- Encourager l'enfant à saisir les sons communs aux différentes informations.
- Inviter l'enfant à faire du « rap » pour mémoriser.
- Donner des explications en modulant sa voix et en appuyant sur les intonations.
- Utiliser le plus possible des chants connus ou inventés, ainsi que des danses, pour soutenir la mémoire.

L'intelligence kinesthésique

On reconnaît facilement les enfants qui utilisent d'emblée cette forme d'intelligence: ils bougent plus que les autres. Ils ont une tendance parfois frénétique à manipuler les divers objets qui se trouvent dans leur champ visuel. Ces enfants apprennent surtout par le toucher, par la motricité et par l'expérimentation corporelle. Pour eux, tout apprentissage doit être accompagné d'une action, sinon il a peu de sens. Ils aiment utiliser des outils qui sont comme des prolongements corporels. Ces enfants sont particulièrement habiles à reproduire une séquence de mouvements et à les coordonner. Ils aiment beaucoup les leçons d'éducation physique. Ils sont souvent perçus comme agités en classe et même hyperactifs. Assis à leurs pupitres, ils mettent beaucoup d'énergie à freiner leur fébrilité motrice.

Voici un résumé des principales caractéristiques de l'intelligence kinesthésique[11]. L'enfant:

- réussit bien dans un ou plusieurs sports (pour le préscolaire, il démontre beaucoup d'adresse pour son âge);
- bouge, remue, tambourine ou gigote quand il ou elle reste en position assise longtemps;
- imite la gestuelle ou les manières des autres avec habileté;
- aime démonter et assembler les objets;
- met en pratique les notions apprises;
- aime courir, sauter, lutter ou toute autre activité semblable;
- démontre du talent dans les travaux manuels (par exemple l'ébénisterie, la couture, la mécanique) et a une bonne coordination motrice dans d'autres domaines;
- s'exprime de façon théâtrale;
- fait état de différentes sensations physiques quand il pense ou travaille;
- aime travailler avec de la glaise ou des matériaux tactiles.

Quelques conseils pour favoriser l'apprentissage scolaire:

- Favoriser systématiquement les manipulations concrètes pour développer des habiletés et acquérir des connaissances.

---

[11] ARMSTRONG, *op. cit.*

- Utiliser le mime et les démonstrations corporelles dans les explications.

- Laisser le plus possible l'enfant bouger dans l'exécution de ses travaux scolaires.

- Inventer des séances, des chorégraphies pour donner des explications.

- Faire danser et jouer les élèves pour canaliser leurs énergies et utiliser ces moments pour leur enseigner les matières plus arides.

- Amener l'enfant à décrire les actions nécessaires à l'exécution d'un travail scolaire.

L'intelligence spatiale

J'ai connu beaucoup d'enfants qui avaient de la difficulté à apprendre et qui vivaient des échecs à l'école, mais qui démontraient beaucoup de talent en dessin et dans des jeux de construction. Ces enfants sont très habiles dans les casse-tête, les blocs lego ainsi que dans les arts plastiques. Ils organisent facilement des éléments dans un espace et reconnaissent facilement les lieux qu'ils ont déjà vus et les visages des gens qu'ils ont connus. En général, ils sont à l'aise en géométrie et en géographie physique. Pour eux, une image vaut mille mots et ils ont toujours besoin d'un support visuel pour comprendre une notion scolaire. L'intelligence spatiale est celle du peintre, du sculpteur, du menuisier et du décorateur.

Voici un résumé des principales caractéristiques de l'intelligence spatiale[12]. L'enfant:

- reproduit des images visuelles clairement;

---

[12] ARMSTRONG, *op. cit.*

- lit les cartes géographiques, les tableaux et les diagrammes plus facilement que les textes (pour le préscolaire, il aime mieux regarder ces types de documents que des textes);
- est plus de type rêveur que ses pairs;
- aime les activités artistiques;
- trace des dessins de manière avancée pour son âge;
- aime regarder des films, des diapositives et d'autres présentations visuelles;
- aime faire des casse-tête, des labyrinthes ou des jeux du genre « Où est Charlie? »;
- fait des constructions intéressantes en trois dimensions;
- perçoit davantage de choses dans les illustrations que dans les textes d'un livre;
- griffonne sur les cahiers, sur les feuilles ou sur d'autres supports.

Quelques conseils pour favoriser l'apprentissage scolaire:

- Utiliser des dessins, des schémas, des graphiques et des acétates pour expliquer visuellement les notions.
- Demander à l'enfant de dessiner le problème avant de le résoudre.
- Utiliser des marqueurs comme repères visuels pour l'amener à bien traiter les informations contenues dans les textes.
- Encourager l'enfant à dessiner ce qu'il comprend d'un texte ou d'un problème écrit.
- Amener l'enfant à se donner des repères visuels pour mémoriser des informations.

L'intelligence intrapersonnelle

Les enfants qui possèdent cette forme d'intelligence sont souvent bien tranquilles en classe. En général, ils sont plutôt timides et parfois retirés. Ce sont des enfants surtout introvertis et qui semblent parfois lunatiques. Ils sont enclins à réfléchir en silence et ils ont une bonne connaissance d'eux-mêmes. Ces enfants ont souvent un riche imaginaire. Ils sont originaux et créateurs. Quand ils établissent une relation de confiance avec l'adulte, ils sont capables d'identifier leurs besoins et leurs sentiments. Ils sont souvent les préférés des enseignants, mais on peut aussi facilement les oublier en classe. Ils sont capables de réfléchir à leurs comportements et de s'ajuster aux attentes de l'entourage. Ils ont parfois besoin de se retirer et de réfléchir seul sur ce qu'ils viennent d'apprendre et sur les travaux qu'ils doivent effectuer.

Voici un résumé des principales caractéristiques de l'intelligence intrapersonnelle[13]. L'enfant:

- affiche un esprit d'indépendance ou une forte volonté;
- a une perception réaliste de ses forces et de ses faiblesses;
- aime bien jouer ou étudier seul;
- semble avoir un style de vie et d'apprentissage différent des autres;
- a un champ d'intérêt ou un passe-temps dont il ou elle ne parle pas beaucoup;
- a un bon sens de l'autodiscipline;
- préfère travailler seul plutôt qu'avec d'autres;
- exprime précisément ses sentiments;

---

[13] ARMSTRONG, *op. cit.*

- est capable d'apprendre de ses échecs et de ses réussites ;
- a une bonne estime de soi.

Quelques conseils pour favoriser l'apprentissage scolaire :

- Accepter que l'enfant ne réponde pas rapidement aux questions.
- Encourager l'enfant à exprimer sa compréhension personnelle et singulière des notions ou des connaissances.
- Accepter sa créativité, même si elle est en dehors des exigences.
- Valoriser son expression personnelle.
- Favoriser ses choix personnels et sa méthode personnelle de travail.
- Souligner régulièrement ses réussites.

L'intelligence interpersonnelle

J'ai en mémoire plusieurs enfants qui vivaient des échecs scolaires, mais qui avaient plusieurs amis et qui étaient très recherchés et appréciés par leurs camarades. Heureusement, leur estime de soi sociale était préservée. Ces enfants font preuve d'une bonne intelligence sociale. En effet, ils ont une acuité de perception assez fine pour décoder les besoins et les humeurs des autres.

Il s'agit ici de l'intelligence des communicateurs. Ces enfants se montrent souvent sensibles aux autres et ils s'ajustent facilement. J'ai connu des enfants qui avaient beaucoup de charisme et qui détenaient un pouvoir de persuasion. Pour eux, apprendre est utile dans la mesure où cela les met en relation avec les autres. En effet, s'ils se sentent aimés des enseignants et des autres élèves, ils sont très motivés pour apprendre. Le contraire est tout aussi vrai. Ils sont souvent habiles à animer des travaux d'équipe. Ils aiment avoir un sentiment d'appartenance en classe et ils favorisent en général une bonne socialisation. J'ai connu des enfants qui essuyaient des échecs scolaires mais qui manifestaient une bonne intelligence interpersonnelle, celle que je nomme l'intelligence du cœur et qui est trop peu valorisée à l'école.

Voici un résumé des principales caractéristiques de l'intelligence interpersonnelle[14]. L'enfant:

- aime socialiser avec ses pairs;
- semble être un *leader* naturel;
- donne des conseils aux camarades qui éprouvent des difficultés;
- semble être un enfant futé;
- appartient à des clubs, des comités ou à d'autres organisations (pour le préscolaire, il semble faire partie d'un groupe d'amis réguliers);
- aime montrer des choses de façon informelle aux autres enfants;
- aime jouer avec les autres;
- a plusieurs amis proches;
- a un bon sens de l'empathie ou se préoccupe des autres;
- les autres recherchent sa compagnie.

Quelques conseils pour favoriser l'apprentissage scolaire:

- Établir une relation de confiance et de complicité avec l'enfant.
- Valoriser ses habiletés sociales et ses gestes de générosité.

---

[14] ARMSTRONG, *op. cit.*

- Favoriser les travaux en équipe. Les travaux scolaires à la maison peuvent être exécutés avec un camarade.
- Valoriser les activités de communication orale et écrite.
- Encourager l'enfant à prendre conscience de ses progrès scolaires.
- Amener l'enfant à identifier les qualités ou les points positifs de son enseignant.

Howard Gardner et son équipe de chercheurs ont identifié ces sept formes d'intelligence en se basant sur des critères précis et en se fondant sur l'observation de milliers d'élèves pendant une période d'environ vingt ans. Cette classification ne doit toutefois pas inciter les adultes à étiqueter les élèves. Les descriptions de ces formes d'intelligence ne sont que des indicateurs qui nous permettent de mieux comprendre les modalités privilégiées qu'utilisent spontanément les élèves pour apprendre. Chaque forme d'intelligence favorise des stratégies particulières d'apprentissage, mais chaque élève utilise plus d'une forme d'intelligence.

Cette nouvelle classification des formes d'intelligence et des stratégies qui en découlent remet en question la structure et le fonctionnement de notre système scolaire, de même que les contenus des programmes. Il est essentiel que les enseignants utilisent une plus grande variété de stratégies d'enseignement pour répondre adéquatement aux diverses formes d'intelligence.

Je suis convaincu que de nombreux élèves sont actuellement lésés dans leur droit d'apprendre à cause de la rigidité de l'enseignement. Même si nos enseignants sont qualifiés quant aux approches didactiques, il y a place à une grande amélioration pour mieux s'adapter à toutes les formes d'intelligence.

Il est important d'identifier chez votre enfant la forme d'intelligence dominante ou son style cognitif privilégié pour vous rendre compte que votre enfant apprend peut-être différemment de vous et pour l'encourager à adopter des stratégies conformes à son style cognitif. Par contre, il est tout aussi important de l'inciter à être actif dans ses apprentissages et à prendre en main sa responsabilité scolaire en l'amenant d'abord à être conscient qu'il a la possibilité d'agir sur ses attitudes et de choisir ses stratégies.

L'apprentissage n'est pas magique

Trop nombreux sont les élèves qui s'aperçoivent qu'ils n'ont pas de contrôle sur leurs apprentissages et surtout sur leurs résultats scolaires. Pour se justifier, ils évoquent des causes extérieures. Tel enfant dira par exemple qu'il obtient de bonnes notes parce qu'il est dans une classe d'élèves faibles. Tel autre affirmera qu'il échoue dans une matière parce que l'enseignant est trop sévère dans la correction. Dans ces deux cas, les enfants perçoivent qu'ils n'ont aucun contrôle sur leurs résultats scolaires. Ainsi, ils ne peuvent s'approprier leurs responsabilités, car leurs notes sont comme magiques et déterminées par des facteurs extérieurs qu'ils ne maîtrisent pas.

Un vrai apprentissage suppose qu'il y ait une compréhension des liens qui unissent la démarche et le résultat. Les parents ont un grand rôle à jouer sur ce plan. En effet, ils doivent aider l'enfant à prendre conscience qu'un résultat (positif ou négatif) n'est pas magique mais plutôt une conséquence de ses attitudes (attention, motivation, autonomie et responsabilité) et des stratégies qu'il a utilisées. On pourrait résumer ce processus par l'équation suivante:

Attitudes + Stratégies = Résultat (positif ou négatif)

Les parents doivent guider l'enfant dans son processus d'apprentissage en lui faisant prendre conscience qu'un résultat négatif ne remet pas en cause sa valeur personnelle ou son intelligence, et qu'il a la possibilité de transformer ses attitudes ou ses stratégies, ou les deux à la fois. L'enfant peut comprendre qu'il a vécu un échec parce qu'il n'était pas suffisamment motivé ou autonome, ou encore parce qu'il n'a pas pris les bons moyens. Il peut décider de changer son attitude ou utiliser d'autres façons de faire. Cela lui permet de modifier ou d'ajuster sa démarche s'il veut connaître le succès. Grâce à cette prise de conscience, l'enfant comprend qu'il vit du succès parce qu'il a une attitude favorable et qu'il prend les bons moyens. Il se dégage alors un sentiment d'efficacité et de fierté qui nourrit son estime de lui-même.

Le droit à l'erreur

On ne peut rien apprendre sans faire ici et là des erreurs de parcours. L'erreur est inévitable et elle est même nécessaire pour que le processus d'apprentissage soit dynamique et constructif. C'est en grande partie grâce à l'erreur que l'enfant apprend à apprendre. Les parents doivent donc montrer à leurs enfants à voir après coup leurs erreurs pour qu'ils puissent les corriger et prendre les moyens de ne pas les répéter. L'enfant peut effectuer des corrections ou des ajustements en utilisant de nouvelles stratégies, à la condition… d'en connaître. Les parents peuvent lui en suggérer, mais non lui en imposer.

Certains parents veulent encourager leurs enfants en leur disant de faire des efforts. Or, cela est nuisible s'ils ne connaissent pas de stratégies d'apprentissage. Ils auront beau essayer d'apprendre, s'ils n'utilisent pas les bons moyens ils risquent fort d'essuyer des échecs. Et le petit garçon se dira : « J'ai fait des efforts et je n'ai pas réussi, donc je ne suis pas intelligent. » Une telle conclusion risque de saper son estime de lui-même. Je vais vous faire une confidence : je n'ai jamais appris à nager.

Si un professeur de natation me faisait sauter dans quatre mètres d'eau, je serais certain de me noyer même si, pendant que j'avale de l'eau, le maître nageur me criait à pleine gorge de faire des efforts. Il vaudrait mieux qu'il me dise comment m'y prendre pour garder ma tête hors de l'eau. Les efforts seuls ne garantissent aucunement le succès. Les erreurs permettent à l'enfant d'apprendre de nouvelles manières d'apprendre.

Pour qu'un jeune prenne conscience de ses erreurs, il faut d'abord qu'il les accepte en tant qu'erreurs et non en tant qu'échecs. J'ai connu trop d'enfants qui percevaient leurs erreurs comme des échecs. Ils confondaient processus et résultat. Ils devenaient perfectionnistes à outrance ou refusaient de s'adonner à des activités à cause de leur hantise de l'échec. Pendant un certain temps, je me disais que ces enfants devaient être soumis à des exigences trop fortes de la part des adultes. J'ai découvert par la suite que plusieurs de ces jeunes ne vivaient pas avec des parents exigeants face à eux. J'étais très perplexe, car je ne comprenais pas les raisons qui sous-tendaient ce perfectionnisme. Je me suis rendu compte que plusieurs de ces parents étaient intolérants face à leurs propres erreurs. En effet, je leur demandais s'il leur arrivait d'avouer à leurs enfants qu'ils faisaient des erreurs dans telle ou telle circonstance. Tous ont admis qu'ils s'en gardaient bien. Je leur conseillais fortement de le faire, afin d'autoriser les enfants à en commettre eux-mêmes. En effet, les parents sont des modèles d'identification pour les jeunes. S'ils laissent croire qu'ils ne font aucune erreur, les enfants les perçoivent comme parfaits et se sentent dans l'obligation d'être dignes d'eux.

Mentionnons toutefois que nous vivons dans une société où l'efficacité et la rentabilité sont des valeurs importantes. La compétition dans les écoles est érigée en système. De plus en plus, on voue un culte à l'élitisme ou à l'excellence. Dans cet esprit, l'erreur est peu admise. Les enfants se sentent dans l'obligation de produire à tout prix pour répondre aux standards des adultes qui accordent surtout de l'importance aux résultats, au détriment du processus d'apprentissage. La livraison de la marchandise est beaucoup plus valorisée que son processus de fabrication.

Quelques conseils aux parents

Il est important de remarquer les stratégies que l'enfant utilise à chacune des trois étapes du processus d'apprentissage. Toutefois, les attitudes de motivation et d'autonomie doivent être présentes à chacune des étapes. Il est facile d'observer l'écolier pendant qu'il fait ses devoirs et étudie ses leçons. Une collègue, Marie-Claude Béliveau, a publié un ouvrage qui suggère aux parents plusieurs attitudes et stratégies pour soutenir leurs enfants dans l'apprentissage scolaire[14].

- Pour ce qui est de la motivation, les parents ont un rôle actif à jouer. D'abord ils doivent aider l'enfant à anticiper du plaisir à l'activité proposée. Ensuite, ils doivent lui faire voir l'utilité des matières qu'il apprend. Par exemple, apprendre à lire peut servir à lire des indications sur les autoroutes ou sur des modes d'emploi, etc. Les activités qu'on lui propose doivent être stimulantes et proches de ses intérêts.

- L'enfant doit apprendre à faire des choix. Il est opportun que les parents l'aident à choisir l'ordre des travaux à effectuer, le moment et l'endroit où il les fait. Le jeune doit être conscient qu'il assumera les conséquences, bonnes ou mauvaises, de ses choix. Laissez-le choisir ses propres stra-

---

[14] BÉLIVEAU, M-C. *Au retour de l'école… La place des parents dans l'apprentissage scolaire.* (Parents). Montréal : Éditions de l'Hôpital Sainte-Justine, 2004.

tégies tout en l'aidant à évaluer après coup leur efficacité. Vous pouvez lui suggérer d'autres façons de faire, sans toutefois les imposer. Il est plus constructif de l'inciter à découvrir lui-même ses moyens et à les évaluer.

- Il faut aussi que l'enfant sache que les travaux à faire à la maison relèvent de sa responsabilité et non de la vôtre. Par contre, il doit être assuré de votre soutien quand il prend en charge cette responsabilité.

- Face à tout apprentissage, vous devez souligner ses succès pour qu'il sache qu'il peut relever de nouveaux défis puisqu'il en a déjà fait la preuve.

- Quand il aborde une nouvelle matière, faites-lui prendre conscience que celle-ci a un lien de continuité avec ce qu'il connaît déjà et qu'il possède les ressources pour y faire face.

- Que ce soit en lecture ou en résolution de problème, amenez-le à bien repérer les informations en utilisant par exemple un marqueur. Ensuite, posez-lui des questions pour qu'il en arrive à sélectionner lui-même les informations pertinentes en fonction de la question qui est formulée.

- Dédramatisez les erreurs. Aidez-le à trouver des moyens pour les corriger et à en anticiper d'autres pour éviter de les reproduire dans une situation semblable.

- Aidez-le à évoquer des images mentales. Par exemple, s'il lit un texte, demandez-lui ce qu'il voit dans sa tête ou ce qu'il entend. Encouragez-le à mémoriser en faisant des associations grâce aux images mentales.

- Demandez à votre enfant de vous dire comment son enseignant lui a expliqué la notion en classe. Vous l'aiderez ainsi à structurer sa pensée. En plus, l'enfant comprend souvent la notion du seul fait qu'il vous l'explique.

- Encouragez-le à prévoir un travail à remettre plus tard ou à préparer un examen. Il doit prévoir la succession des étapes, prédire la durée et le temps à consacrer à chacune des étapes, en fonction de l'échéance, et penser aux moyens concrets à utiliser durant chacune de ces étapes.

Il existe plusieurs autres stratégies. Par contre, il n'est pas pertinent de suggérer aux parents l'ensemble des stratégies didactiques. En effet, l'enfant n'a besoin que d'un seul enseignant. Les parents ne doivent pas se transformer en pédagogues, malgré les pressions de certaines écoles et la somme des travaux scolaires qu'on demande aux enfants d'effectuer à la maison. Les parents doivent plutôt guider leur enfant. L'attitude des parents est plus importante que les moyens concrets.

Ce qui compte par-dessus tout, c'est que vous fassiez sentir à votre enfant que le rendement scolaire est une question d'attitudes et de stratégies. Rappelez-vous qu'il faut surtout lui apprendre à apprendre.

QUE FAIRE SI MON ENFANT VIT DU STRESS DE PERFORMANCE?

▼

C'est la première fois que je rencontre Julie, qui a 10 ans et qui est en cinquième année régulière. On m'a demandé de l'évaluer pour un problème d'apprentissage en mathématiques et, plus précisément, pour des difficultés de compréhension et de résolution de problèmes écrits. Julie est une fillette charmante, mais peut-être un peu trop docile. Elle semble très intelligente, mais malgré ses sourires, je perçois de la tristesse dans toute son attitude. Je le lui dis. Elle me regarde d'un air surpris et des larmes commencent à couler sur ses joues. Je l'encourage à me confier ce qui la tourmente. Julie réussit à me dire qu'elle est très fatiguée de fournir constamment des efforts pour être la première à l'école ainsi que dans ses cours de ballet classique et de natation. Elle se sent coupable et dévalorisée à cause de ses difficultés en mathématiques. Elle n'a pas le temps de jouer avec ses amies ou d'écouter de la musique. Elle me demande de ne pas en parler à ses parents. Je lui réponds que je ne peux accéder à sa demande et qu'elle doit me faire confiance.

Au cours de l'entrevue avec ses parents, il devient évident que ceux-ci aiment beaucoup leur fille. Ils savent également qu'elle a beaucoup de talent et ils désirent qu'elle se développe au maximum. Or, ils ont remarqué depuis quelques semaines que Julie éprouve de la difficulté à s'endormir le soir et qu'elle se plaint parfois de maux de ventre. Ils ne sont pas du tout conscients de l'énorme pression qu'ils font vivre chaque jour à leur fille.

Le stress n'est pas nocif en soi. Il peut nous amener à nous dynamiser, à mieux concrétiser nos capacités ou nos talents. Lorsqu'il est bien dosé, le stress peut nous stimuler à surmonter des difficultés, à relever des défis. Lorsqu'une personne gère bien son stress, en utilisant des moyens efficaces, elle peut surmonter des obstacles, apprendre de nouvelles choses, en retirer des sentiments de valorisation et de réalisation personnelles. Par contre, le stress produit des effets négatifs chez la personne quand il se transforme en détresse, c'est-à-dire quand l'individu ne peut ni fuir la source du stress ni la combattre, parce que le stress est plus puissant que ses mécanismes d'adaptation. Dans ces conditions, la personne est dans une situation sans issue, elle devient une victime d'exigences trop fortes.

Tel était le drame de Julie, qui est loin d'être unique. Les divers spécialistes en éducation constatent depuis plusieurs années qu'il y a de plus en plus d'enfants soumis à des pressions de toutes sortes pour satisfaire les rêves d'excellence des adultes. À titre d'allié inconditionnel des enfants, je m'inquiète beaucoup de cette situation. Voyons maintenant les principales causes de ce phénomène.

Les parents

Notre système économique engendre fréquemment des périodes d'insécurité financière chez une multitude de parents. Les emplois ne sont plus stables. Les technologies de pointe envahissent tous les secteurs de la main-d'œuvre et provoquent régulièrement des milliers de licenciements. Les parents sont inquiets face à leur avenir et à celui de leurs enfants. Ils désirent tous que leurs jeunes, face aux énormes défis qui les attendent, soient mieux préparés qu'ils l'étaient eux-mêmes. Alors, ils projettent leur stress sur leurs enfants; ils insistent pour que ceux-ci suivent des cours enrichis, recherchent pour eux les meilleures écoles et exigent les meilleurs résultats scolaires, particulièrement en mathématiques et en sciences. Le stress peut facilement engendrer de l'égocentrisme. Un parent stressé et inquiet discerne parfois mal les besoins réels de son enfant et éprouve de la difficulté à percevoir son rythme d'apprentissage.

Aujourd'hui, la majorité des mères ont un travail à l'extérieur de la maison. Malheureusement, ce surcroît de responsabilités est loin d'être compensé par un plein engagement du conjoint dans les tâches domestiques. Beaucoup de ces mères sont surmenées et stressées car elles veulent mener à bien leurs multiples tâches. Plusieurs d'entre elles m'ont confié qu'elles n'avaient pas assez de temps pour bien guider leurs enfants dans leurs travaux scolaires et même pour discuter avec eux. Leur rythme de vie les amène à bousculer leurs enfants afin que ceux-ci remplissent leurs obligations scolaires avec rapidité et qualité. Les enfants ressentent ce stress et se croient obligés de réaliser des exploits. La fantaisie et le jeu ont peu de place dans leur vie.

Des parents qui se sentent coupables de ne pas accorder assez de temps à leurs enfants cherchent à les rendre autonomes le plus vite possible. Cette attitude ne tient pas compte du fait que l'autonomie, comme tout apprentissage, doit se développer graduellement, selon un rythme propre à chacun. J'ai connu des enfants qui se comportaient comme des petits adultes en miniature. Je pense par exemple à Stéphane qui, à

8 ans, faisait seul ses devoirs et ses leçons et préparait le repas du soir. Une autonomie aussi précoce peut provoquer du stress chez l'enfant. Il sent qu'il doit rapidement se prendre en main pour compenser le manque de disponibilité de ses parents.

Notre société accorde une grande importance à l'efficacité et, surtout, à la rentabilité à court terme. Bien des parents accordent une importance démesurée aux notes scolaires. Pour eux, ce qui compte ce sont les résultats et non pas le processus d'apprentissage par lequel l'enfant passe. Ces parents insistent beaucoup sur les efforts à fournir; ils croient que le meilleur apprentissage se réalise au prix d'efforts frustrants et peu motivants. Ils ne savent pas que l'apprentissage de qualité, celui qui demeure dans le bagage de l'enfant, est celui qui est fait avec motivation et créativité. L'enfant qui cherche uniquement à obtenir de bonnes notes n'a pas vraiment de plaisir à apprendre. Il n'en va pas autrement pour celui qui travaille dans le seul but d'obtenir son salaire.

J'ai constaté que plusieurs parents surestiment les capacités ou les talents de leurs enfants. Ils insistent pour que leurs jeunes soient constamment stimulés à l'école. Ils exercent d'ailleurs beaucoup de pression sur l'école, car ils craignent que leurs enfants ne fournissent pas un rendement conforme aux capacités qu'ils perçoivent chez eux. Les enfants se sentent alors dans l'obligation de répondre aux attentes parfois exagérées de leurs parents. Ils ont l'impression qu'ils n'apprennent pas pour eux-mêmes, mais pour satisfaire les attentes narcissiques de leurs parents.

Certains parents ont connu des difficultés à l'école. Il est tout à fait compréhensible qu'ils craignent que leurs enfants vivent les mêmes épreuves. Aussi s'inquiètent-ils dès l'apparition des premières difficultés d'apprentissage chez leur enfant, même si celles-ci sont légères, comme c'est le cas pour la majorité des élèves. Ce sont leurs propres souvenirs qui remontent à la surface.

Certains parents essaient de soigner les blessures de leur propre histoire scolaire par l'entremise de leurs enfants.

Consciemment ou non, il y a des parents qui font peu confiance au système scolaire. Ils ont l'impression qu'ils ont les capacités nécessaires pour instruire leurs enfants et qu'ils sont mieux placés que les intervenants scolaires pour y arriver. J'ai été consterné de constater qu'il existe des livres et des techniques proposés par des soi-disant spécialistes qui prônent l'apprentissage de la lecture dès l'âge de 2 ou 3 ans. Certains parents se laissent malheureusement convaincre par de tels discours et entraînent leurs enfants dans un processus de croissance accélérée. Par ailleurs, beaucoup de parents font participer leurs enfants à de nombreuses activités parascolaires pour combler les lacunes qu'ils perçoivent dans le système scolaire. Nombre de jeunes se retrouvent ainsi avec un horaire surchargé et avec le sentiment de devoir exceller partout et à tout prix. C'était le cas de Julie.

L'école

Depuis quelques années, nos écoles visent de plus en plus l'excellence dans l'apprentissage. On valorise les élites, les programmes enrichis et la compétition, dans le but d'obtenir de meilleurs résultats. Cette nouvelle tendance est le résultat de pressions qui proviennent tant du gouvernement que des parents. Considérant qu'il y avait trop de laxisme dans les écoles et que celles-ci ne préparaient pas suffisamment les élèves au marché du travail, on a enrichi les programmes. On a ainsi augmenté les exigences quant à la somme de travail à faire et à la qualité des matières à apprendre. Le stress a envahi le système scolaire à tous les niveaux : aujourd'hui les élèves doivent acquérir à tout prix de nombreuses habiletés et de multiples connaissances pour répondre aux exigences de la société.

En éducation, on a érigé la compétition en système. Qu'on pense par exemple au palmarès des institutions scolaires qui diffuse dans le grand public les résultats globaux de chaque école.

Nos écoles sont devenues des systèmes très structurés qui fonctionnent selon le modèle de l'industrie. Ainsi, les horaires des enseignants sont organisés plus rigoureusement, les seuils de réussite des élèves se sont haussés, les objectifs des programmes sont devenus plus difficiles à atteindre et les examens sont informatisés. Les enseignants, fréquemment considérés comme les premiers responsables de l'apprentissage des élèves, se sentent souvent seuls et stressés. On peut alors comprendre qu'il leur arrive, à leur insu, de transmettre ce stress à leurs élèves et qu'ils exercent des pressions pour que ceux-ci obtiennent les meilleurs résultats possibles aux examens. Il s'agit, en effet, du principal critère qu'on utilise pour évaluer la qualité de leur enseignement.

La réforme en éducation vise à amener les élèves à être plus actifs et responsables de leurs apprentissages et à intégrer leurs connaissances. On accorde moins d'importance aux examens sommatifs. Par contre, beaucoup d'enseignants sont stressés par cette réforme parce qu'elle suppose notamment des changements dans leur mentalité et leurs pratiques.

Au cours des dernières années, on a souvent réduit les budgets alloués aux commissions scolaires et aux écoles. Même si le gouvernement a maintenant tendance à injecter plus de ressources financières, les sérieuses coupures du passé sont loin d'être comblées. Paradoxalement, le gouvernement insiste davantage sur la qualité de l'apprentissage. Il est dramatique de constater qu'environ le tiers de nos élèves abandonnent aujourd'hui l'école sans avoir obtenu le diplôme du secondaire. Il y a certainement un lien à faire entre les coupures budgétaires, l'accroissement des exigences et la hausse des abandons scolaires. Bon nombre d'élèves, même s'ils ne connaissent que de légères difficultés d'apprentissage, n'arrivent pas, sans soutien spécialisé, à répondre aux exigences grandissantes. Or, ce soutien nécessite des budgets supplémentaires et ceux-ci sont de moins en moins disponibles. L'excellence et l'élitisme sont de plus en plus valorisés et plusieurs élèves en difficulté en paient le prix.

La pression qui s'exerce sur les élèves grandit. Ils doivent apprendre de plus en plus vite de plus en plus de choses. Plusieurs d'entre eux se rendent compte qu'ils doivent « produire » pour le bénéfice des enseignants et des administrateurs scolaires. Ils apprennent au rythme des programmes. La motivation et le plaisir importent peu. Seuls les résultats comptent ! On amène les jeunes à être des techniciens de l'apprentissage.

Ce problème de société fait plusieurs victimes : les parents, les enseignants et les enfants. Tous subissent des pressions et essaient de garder ou de trouver leur équilibre. Les parents, en grande majorité, recherchent le bien-être de leurs enfants et plusieurs d'entre eux sont pris au piège de leurs inquiétudes et du stress qui s'ensuit. Les enseignants, quant à eux, se sentent seuls. On leur impose plus d'exigences et ils se retrouvent coincés entre leur idéal (instruire les élèves selon leur rythme de fonctionnement) et la réalité (les élèves doivent obtenir des résultats qui correspondent aux exigences des programmes). Chaque éducateur, parent ou enseignant, cherche à accompagner l'enfant du mieux qu'il le peut afin qu'il devienne un adulte responsable.

L'entrée précoce à l'école génère du stress de performance

Véronique aura 5 ans le 10 octobre prochain. La plupart de ses petites amies pourront aller en classe maternelle en septembre comme la Loi sur l'instruction publique le prévoit. Véronique manifeste le désir de suivre son groupe d'amies à l'école, mais elle est née 10 jours en retard. Elle semble aussi développée du point de vue intellectuel, affectif, social et psychomoteur que ses camarades. Ses parents sont indécis; ils se demandent si elle pourrait fonctionner en classe maternelle aussi bien que ses pairs même si elle est un peu plus jeune.

Des centaines de parents font face à ce dilemme, particulièrement ceux dont l'enfant aura 5 ans entre le 1er octobre et le 31 décembre. En effet, depuis 1965, un règlement du régime pédagogique du Québec stipule qu'un enfant doit être âgé de 5 ans avant le 1er octobre de l'année scolaire pour être admis à la maternelle, et doit être âgé 6 ans à pareille date pour être admis à la première année du primaire. Pour le reste du Canada, aux États-Unis et en Europe, la date limite pour l'âge d'admission à l'école est fixée au 31 décembre. En 1987, on a institué la dérogation scolaire. Celle-ci est conçue comme une mesure d'exception qui permet aux enfants qui n'auront 5 ou 6 ans qu'après le 30 septembre de faire plus tôt leur entrée à la maternelle ou en première année.

La mesure dérogatoire

L'article 49 du règlement du régime pédagogique autorise le ministre de l'Éducation à accorder une dérogation au régime pédagogique si l'application d'un de ses articles pouvait causer un préjudice à un enfant. On a ajouté trois nouveaux critères dont celui concernant l'entrée précoce en maternelle ou en première année :

« Enfant particulièrement apte à débuter la maternelle ou la première année et dont le niveau de développement est tel qu'il subirait un *préjudice réel et sérieux* si l'on devait retarder son admission à l'école. »

Dans cet esprit, la mesure dérogatoire doit être restrictive et très exceptionnelle. En effet, il concerne un enfant qui se démarque nettement aux plans intellectuel, social, affectif et psychomoteur. Ce critère va même plus loin : il faut faire la preuve que l'enfant subirait un « préjudice réel et sérieux » si son admission était retardée. Le ministère n'a jamais défini ce que serait un préjudice « réel et sérieux » ni l'expression « particulièrement apte ». Cela peut prêter à diverses interprétations, plus ou moins objectives selon les motivations. Dans le but d'éviter abus et erreurs, les parents doivent consulter un professionnel spécialisé dans le développement de l'enfant et dans l'évaluation de la maturité affective, intellectuelle, sociale et psychomotrice. Les évaluations des aptitudes nettement supérieures à la moyenne et la démonstration du préjudice doivent être rédigées dans un rapport fait par un psychologue, un psychoéducateur ou tout autre professionnel compétent.

Quelques indicateurs pour les parents

Voici quelques indicateurs susceptibles d'aider les parents à juger si leur enfant peut être candidat à une évaluation.

- Lorsque les éducateurs de la garderie que fréquente votre enfant vous mentionnent que votre petit dépasse largement son groupe quant aux diverses habiletés intellectuelles, sociales, psychomotrices et qu'on vous assure que sa maturité affective est également supérieure à la moyenne des enfants de son groupe.

- Quand vous avez pu observer à plusieurs reprises que votre enfant a réalisé des apprentissages précoces dans divers domaines.

- Lorsqu'il maîtrise facilement le langage oral, sur le plan de la compréhension et de l'expression.
- Quand il peut se séparer de ses parents ou de son milieu familial sans manifester d'angoisse ou d'inhibition.
- Lorsqu'il fait preuve d'aisance dans ses interactions sociales avec des enfants et des adultes.
- Quand il démontre des attitudes d'autonomie et de débrouillardise dans diverses situations.
- La curiosité intellectuelle est également très importante. Cela s'observe quand votre enfant vous pose plusieurs questions concernant divers sujets.
- Dans le cas où votre petit a des frères ou des sœurs plus âgés et qu'il cherche à les imiter durant les périodes de devoirs et leçons ou à l'occasion d'activités libres de lecture ou d'écriture.
- Quand son poids et sa taille se situent au moins au niveau de la moyenne des enfants de son âge.
- Lorsque votre enfant, à quelques reprises, a spontanément manifesté le désir d'aller à l'école.

Les parents sont justifiés de faire une demande de dérogation et de procéder à une évaluation de leur petit quand les réponses sont positives dans la majorité de ces dix indicateurs.

Les avantages de l'entrée précoce à l'école

L'entrée précoce en maternelle ou en première année est une occasion pour plusieurs enfants de relever des défis à la mesure de leurs capacités sur les plans affectif, intellectuel, social et psychomoteur.

- Grâce aux nouveaux apprentissages qui lui sont offerts, le petit peut maintenir et accroître la motivation qu'il a toujours manifestée pour les apprentissages. Il aura alors la conviction de grandir en apprenant.

- Pour l'enfant, il est souvent important de suivre le groupe d'amis qu'il a connus en garderie ou dans son quartier. Les enfants n'ont souvent pas conscience qu'un de leurs compagnons est plus jeune qu'eux.

- Certains parents perçoivent certains avantages au fait que leur petit puisse prendre une année d'avance dans ses études.

Un facteur de stress

- Il y a de fortes chances que l'enfant soit toujours le plus jeune de son groupe-classe. À la longue, certains jeunes tolèrent difficilement cette étiquette de cadet, surtout quand les adultes, et surtout ses pairs, le lui rappellent souvent.

- Parfois, certains enfants sentent qu'ils doivent satisfaire les attentes narcissiques de leurs parents ; la détermination de ces derniers à obtenir la dérogation est un reflet de cette tendance. Les enfants ont alors l'impression de ne pas apprendre pour eux-mêmes, mais plutôt pour flatter la fierté de leurs parents.

- Plusieurs petits sentent qu'ils sont forcés à faire le deuil de nombreux jeux spontanés et créateurs qu'ils pratiquaient à loisir à la garderie ou à la maison. Même s'ils sont intellectuellement prêts à réaliser des apprentissages scolaires, ils ne sont pas toujours prêts à abandonner leurs jeux libres.

- Des enseignants ont observé que plusieurs enfants entrés précocement à l'école manifestent plus de stress de performance que leurs pairs.

- Plusieurs enseignants, pour diverses raisons, ne favorisent pas l'entrée précoce à l'école. Les préjugés défavorables peuvent influencer négativement les relations enseignant-enfant.

- Il ne faut pas oublier que l'enfant débutera précocement le cours secondaire. Pour intégrer un groupe d'amis pendant la pré-adolescence, le décalage d'âge est plus important qu'au début de la scolarité.

- Même si le petit démontre des capacités supérieures à la moyenne, il est reconnu que plus un enfant est jeune, plus son attention est éphémère, et ceci indépendamment de ses capacités intellectuelles et de sa motivation.

Quelques éléments de réflexion

Le phénomène de l'entrée précoce à l'école a pris de l'ampleur. Les résultats de certaines recherches à ce sujet sont troublants. Une recherche exhaustive réalisée en 1986 par Uphoff et Gilmore démontre que 75 % des enfants qui échouent une année scolaire sont plus jeunes que les autres. Le tiers des élèves les plus jeunes sont mal adaptés au système scolaire. Parmi ces jeunes entrés précocement à l'école, un seul enfant sur 20 est un *leader*. La recherche conclut aussi que les élèves les plus âgés, plus matures mais moins intelligents, réussissent mieux les apprentissages que les plus jeunes qui sont plus intelligents. Les élèves plus jeunes sont deux fois plus référés pour des troubles d'apprentissage. Les chercheurs mentionnent qu'être très intelligent et être prêt à entrer à l'école sont deux choses différentes et proposent aux parents de retarder un peu plus l'entrée de leur enfant à l'école. Cela va à l'encontre de la tendance actuelle.

Voici, en ce qui concerne l'entrée précoce à l'école, le point qui me semble le plus litigieux. Le professionnel doit faire la preuve d'un préjudice réel et sérieux si l'enfant n'entre pas précocement à l'école. Je me demande comment un professionnel peut faire une telle démonstration. En ce qui me concerne, je me rends compte que plus je vieillis, moins je suis capable de prédire l'avenir malgré que je bénéficie de bons instruments d'évaluation et de 35 ans d'expérience. Ceci pose un problème d'éthique professionnelle. Comment un professionnel peut-il juger de l'état de préparation d'un enfant à la scolarité sans bien connaître les objectifs d'apprentissage auxquels le petit aura à faire face ? Cela pose également un problème d'éthique professionnelle.

Personnellement, j'ai fait le choix de ne pas être complice de cette tendance à faire entrer précocement les enfants à l'école. Pour les jeunes qui fonctionnement nettement au-dessus de la moyenne, je favorise davantage l'enrichissement des programmes didactiques. Ma fonction consiste à évaluer et à aider les jeunes en difficulté d'apprentissage et d'adaptation. L'entrée précoce est un risque calculé, certes, mais tout de même un risque qu'en toute conscience je ne peux favoriser. Comme des centaines de professionnels, je suis du côté des enfants tant au plan de la prévention que de l'aide à leur apporter.

Les examens qui génèrent du stress de performance

Des centaines d'élèves vivent difficilement les périodes de tests ou d'examens qui surviennent régulièrement durant une année scolaire. Plusieurs d'entre eux ne donnent pas leur pleine mesure durant ces situations d'évaluation. Leurs résultats ne rendent pas toujours justice à leurs efforts et à leurs capacités. Certains font de l'insomnie durant ces périodes, d'autres ont des maux de ventre et j'en ai connus quelques-uns qui faisaient de l'anxiété, à un point tel que celle-ci inhibait ou paralysait leur mémoire. Heureusement, de tels symptômes ne sont présents que chez une minorité d'élèves, mais la majorité d'entre eux vit quand même un malaise lors de ces périodes de fin d'étape ou de fin d'année.

Deux formes d'évaluation

Dans nos écoles, on utilise deux formes d'évaluation, l'évaluation formative et l'évaluation sommative, très différentes l'une de l'autre.

L'examen formatif, comme son nom l'indique, est conçu pour la formation de l'élève. C'est un test que l'enseignant utilise pour vérifier où les élèves en sont rendus dans la maîtrise des objectifs d'apprentissage imposés par un programme académique. Par cet examen, dont les résultats ne doivent pas être chiffrés ou notés dans un bulletin, l'enseignant peut évaluer à quel point l'ensemble des élèves maîtrise les matières scolaires, dépister ceux qui éprouvent des difficultés et ceux qui ont bien intégré les connaissances. À partir de cet examen formatif, l'enseignant peut réajuster immédiatement sa façon d'enseigner ou ses stratégies didactiques, soit en donnant un soutien particulier aux élèves en difficulté, soit en offrant des activités d'enrichissement à ceux qui ont atteint les objectifs.

De plus, en se basant sur cet examen formatif, l'élève lui-même peut évaluer ses stratégies et ses attitudes pour se réajuster dans son cheminement. Ces évaluations formatives se font régulièrement durant les activités scolaires. Ce sont par exemple les petits examens hebdomadaires. Cette forme d'évaluation est nécessairement centrée sur la démarche ou le processus d'apprentissage, soit pour réajuster le parcours, soit pour faire face à d'autres défis. Elle joue le rôle d'un thermomètre de la qualité de la formation. Grâce à ces petits examens formatifs, l'enfant peut se comparer à lui-même et non pas à l'ensemble du groupe, dans sa maîtrise graduelle des matières.

Les évaluations sommatives sont les plus répandues dans nos écoles. Ce sont les examens traditionnels, conçus pour évaluer la somme des matières au programme. Ces examens permettent de faire le point sur les habiletés et les connaissances maîtrisées par les élèves. Ils permettent de sanctionner des études et donnent des renseignements quantitatifs qui se veulent objectifs pour déterminer l'orientation de l'élève. Les évaluations sommatives sont surtout utiles pour les administrateurs scolaires et pour les classements. Ils sont également utiles pour les parents qui veulent situer leur enfant par rapport aux autres à partir de données quantitatives. En effet, les résultats de ces évaluations sont interprétés en général de façon normative ; on compare les résultats de chaque élève par rapport à une norme qui est la moyenne du groupe.

Ce sont ces examens sommatifs, à cause de leur nombre et surtout à cause de l'importance qu'on leur accorde, qui génèrent le plus de stress chez les élèves.

Une importance démesurée

Je connais des écoles où, durant une étape scolaire d'une durée d'environ six ou sept semaines, les élèves subissent durant cinq journées des examens sommatifs. Dans la politique d'évaluation pédagogique, on considère que les enseignants sont les premiers responsables de l'éducation des élèves. On a confié aux commissions scolaires la responsabilité de soutenir les enseignants dans cette tâche. Les commissions scolaires ont alors engagé des spécialistes de la mesure et de l'évaluation pour élaborer des tests et pour encadrer les enseignants dans leurs pratiques. En injectant de nouvelles ressources humaines et matérielles, on a donné plus d'importance aux évaluations et, dans les faits, aux examens sommatifs, tout en dépossédant les enseignants d'une bonne partie de cette responsabilité qui leur revenait traditionnellement.

J'ai fait récemment une petite expérience avec une enseignante de troisième année. Ses élèves devaient faire des examens sommatifs proposés par sa commission scolaire. J'ai choisi cinq de ses élèves au hasard et, à l'aide de bulletins descriptifs vierges, j'ai demandé à l'enseignante d'imaginer le résultat de chacun de ces élèves. J'ai noté les évaluations de l'enseignante, selon la légende de 1 à 5 utilisée par la commission scolaire. J'ai conservé ces bulletins fraîchement remplis et l'enseignante n'a conservé ni brouillon ni trace de l'évaluation qu'elle venait de faire. Deux semaines plus tard, après la période d'examens, j'ai comparé les bulletins officiels remis aux parents et les bulletins fictifs que j'avais en main pour ces cinq élèves. Les notes des bulletins officiels provenaient des examens sommatifs de la semaine précédente. Il n'y avait aucune différence significative entre l'évaluation spontanée de l'enseignante et celle qui résultait des examens. Je me suis alors demandé pourquoi ces cinq élèves avaient subi ces journées d'examens sommatifs. Il aurait été plus profitable d'utiliser ce temps pour qu'ils apprennent de nouvelles choses… L'enseignante, qui fait régulièrement des évaluations formatives de ses élèves en classe, avait un jugement aussi sûr que celui qui se dégage des évaluations sommatives. Cette petite expérience n'a pas la prétention d'être scientifique, mais elle tend à donner raison aux nombreux enseignants qui déplorent, souvent à juste titre, le fait qu'on ne fait pas assez confiance à leur jugement. On utilise plutôt de multiples et trop nombreux examens sommatifs qui drainent de l'énergie et du temps pour tout le monde.

Avantages des examens sommatifs

Notre société investit beaucoup de ressources humaines et financières pour assurer le fonctionnement de notre système scolaire. Tous ceux qui paient des taxes ont le droit de savoir si ces ressources et ce financement sont utilisés efficacement.

C'est en fonction de ce besoin que le ministère fait passer à tous les élèves des examens officiels à la fin de chaque cycle du programme d'études pour évaluer leurs connaissances et transmettre ces résultats à ceux qui les réclament.

Les examens sommatifs peuvent devenir formatifs pour une école ou pour une commission scolaire. Si une école, à la suite de ces examens, constate qu'il y a une baisse dans la qualité de l'enseignement, elle peut alors évaluer la situation et y apporter des corrections le cas échéant.

En fonction de la science et de la technologie qui évoluent sans cesse et par rapport aux exigences des milieux de travail, c'est par les résultats des examens sommatifs que l'on peut juger si nos élèves sont suffisamment préparés pour relever les défis des années à venir. Les programmes et les examens qui y sont rattachés peuvent être modifiés pour mieux répondre aux besoins réels.

On a beaucoup perfectionné et raffiné la science de la mesure et de l'évaluation en éducation afin de poser le jugement le plus juste possible sur les connaissances de chaque élève. En effet, si tous les élèves passent le même test jugé avec les mêmes critères, il y a plus de chances d'éviter des injustices pour certains.

Les résultats des examens sommatifs sont précis et traduits quantitativement. Ainsi, il y a moins de place pour des jugements subjectifs et des interprétations erronées. Ces examens fournissent des résultats quantitatifs avec des interprétations normatives qui permettent aux parents et aux élèves de juger de la somme et de la qualité des connaissances de chacun par rapport à la moyenne du groupe.

Les données quantitatives qui se dégagent de ces examens permettent aux élèves, aux parents et aux administrateurs de décider d'une promotion, d'un classement ou de l'orientation d'un cheminement scolaire.

Désavantages des examens sommatifs

Cette forme d'évaluation peut être néfaste à la longue et provoquer beaucoup de stress si on lui accorde trop d'importance et, surtout, si on juge de la qualité des connaissances d'un élève uniquement par les résultats quantitatifs qu'il produit. Voici les principaux désavantages que j'ai pu constater au cours de mon expérience.

- Comme éducateur, je ne peux admettre l'idée que la moitié d'une année scolaire puisse être compromise par deux heures d'examen, comme c'est le cas dans certaines écoles secondaires. Les élèves sont bousculés par le temps et ils sont stressés car les résultats de l'examen comptent pour la moitié de la note finale sur le bulletin. Il arrive souvent que le rendement fourni par l'élève au cours de ces deux heures fatidiques ne soit pas représentatif des réelles habiletés et connaissances qu'il a intégrées durant son année. Plusieurs facteurs peuvent influencer le rendement de ce dernier durant ces deux heures (conflit familial à la veille de l'examen, fatigue, préoccupations personnelles, stress envahissant, etc.).

- Il est admis que les examens sommatifs sont générateurs de stress pour la plupart des élèves. Ce stress peut être dynamisant et il peut inciter l'enfant à exploiter ses capacités. Mais il devient détresse lorsqu'il est trop intense et surtout quand l'élève ne peut ni le fuir ni le combattre. En situation d'examen, l'enfant ne peut pas fuir, à moins de se réfugier dans ses rêveries ou de remettre prématurément sa copie d'examen. Certains élèves ne peuvent pas combattre le stress, car ils ne disposent pas d'assez de stratégies pour le gérer et pour surmonter les difficultés rencontrées durant l'examen. Le stress devient alors inhibant ou paralysant. L'élève ainsi piégé ne peut démontrer ses réelles habiletés et les connaissances qu'il a acquises.

- J'ai constaté que le stress de certains élèves était provoqué par les attentes anxieuses des parents et des enseignants. En effet, plusieurs parents sont inquiets pour l'avenir de leurs jeunes ou ils exigent trop d'eux. Les enseignants sont stressés par les programmes et surtout par les résultats de leurs élèves au cours de ces examens. Les enseignants savent bien qu'on jugera de leur compétence plus ou moins directement par les résultats de leurs élèves. Le stress est contagieux.

- Les examens sont souvent peu motivants pour les élèves. Durant son cheminement scolaire, l'enfant apprend que dans notre système scolaire la livraison de la marchandise est beaucoup plus valorisée que le processus de fabrication de cette marchandise. Ainsi, il constate que l'on n'encourage pas ses efforts et le plaisir qu'il ressent à maîtriser graduellement des habiletés et des connaissances, mais plutôt son efficacité et sa réussite dans un temps limité, c'est-à-dire durant la période de l'examen. Selon son rendement au cours de cet examen, il sera jugé bon ou mauvais élève, peu importe l'énergie et le temps qu'il y aura mis au cours des semaines précédentes. L'élève se sent obligé de produire au maximum, dans un temps limité et pour le bénéfice des enseignants, des parents et des administrateurs scolaires.

- En accordant beaucoup d'importance aux résultats des examens sommatifs qui seront consignés dans le bulletin et à partir desquels on jugera de la valeur de l'élève, on fait naître des élèves « capitalistes ». Ainsi, à l'exemple des travailleurs dont la seule motivation est le salaire, l'élève apprend à travailler uniquement pour les notes. Certains refusent même de s'intéresser aux activités scolaires qui ne comptent pas pour le bulletin. Ces élèves deviennent de très bons techniciens ou des spécialistes des examens, et toute leur énergie est drainée dans cette course aux résultats. Pourtant, il arrive souvent que leurs habiletés et leurs connaissances ne soient pas intégrées, car ils ont très peu d'intérêt pour le processus d'apprentissage et la curiosité intellectuelle.

- Il est reconnu que les élèves en difficulté d'apprentissage sont peu habiles en situation d'examens sommatifs. Le rendement qu'ils fournissent au cours de ces évaluations ne représente pas bien leurs habiletés et leurs connaissances. Que l'on pense par exemple à l'enfant inhibé, à celui qui manifeste des difficultés d'attention ou à l'élève qui présente des chutes de vigilance, c'est-à-dire une difficulté à soutenir sa concentration plus que quelques minutes à la fois. Il arrive que cet élève fournisse un bon rendement durant la première moitié de l'examen mais, à cause d'une chute de vigilance souvent inconsciente, il n'est plus à la hauteur de ses propres capacités par la suite.

- Le principal désavantage de l'évaluation sommative est le fait qu'elle accorde beaucoup d'importance aux résultats, en négligeant le processus par lequel l'enfant est passé. Ainsi, on évalue peu les stratégies d'apprentissage, mais plutôt leur effet. C'est une perspective statistique et non dynamique. L'élève n'a pas droit à l'erreur (on sait pourtant que celle-ci fait partie du processus d'apprentissage). Qu'est-ce qui est le plus important : le processus ou le rendement ? Chose certaine, il est plus profitable pour l'enseignant et surtout pour l'enfant d'agir sur le processus d'apprentissage. Les résultats des examens sommatifs donnent peu de renseignements à l'enseignant pour évaluer les stratégies de l'élève. S'attarder plus au processus d'apprentissage ne peut qu'améliorer le rendement et permettre surtout que l'enfant conserve à long terme ses nouvelles habiletés et ses connaissances.

Le plaisir d'apprendre

Le stress nuit à l'enfant qui ne ressent pas de plaisir à apprendre. L'enfant accepte de participer à une activité par conformisme, mais surtout quand il anticipe du plaisir. Le plaisir est le mobile et l'énergie intrinsèque de la motivation. Il est important de souligner que le plaisir est contagieux. Si l'adulte n'éprouve pas lui-même du plaisir au cours des activités qu'il partage avec l'enfant, la motivation de ce dernier en est automatiquement réduite.

L'estime de soi est également à la base de la motivation. Si l'enfant n'a pas confiance en ses capacités, s'il doute de lui-même, il aura plus de difficulté à espérer du plaisir, donc à être motivé. L'estime de soi est essentielle pour acquérir des compétences intellectuelles et sociales. La fierté vient après et augmente le plaisir et la motivation pour d'autres activités semblables.

Quelques conseils aux parents

- Le parent doit d'abord abandonner son perfectionnisme et accepter les erreurs de son enfant en lâchant prise sur les détails. Il ne faut pas oublier que le parent est le premier modèle auquel s'identifie l'enfant. L'important, c'est d'amener ce dernier à prendre conscience d'une erreur qu'il a faite pour ensuite la corriger et éviter de la répéter.

- Il est très important que le parent accorde plus d'importance à la démarche qu'entreprend son enfant qu'aux résultats qu'il atteint. L'enfant doit s'apercevoir qu'il peut contrôler son processus d'apprentissage de façon à y trouver du plaisir et à réduire son stress.

- Il ne faut jamais oublier que le plaisir d'apprendre s'inscrit d'abord et avant tout dans les relations que l'on vit avec son enfant. Aussi faut-il lui consacrer du temps. Toutes les activités d'apprentissage peuvent être sources de joies partagées si l'on est disponible. En mettant l'accent sur la relation, on prévient l'excès de stress.

- Chaque enfant a son propre rythme biologique, intellectuel et affectif. Il est très important de percevoir ce rythme et de le respecter. Trop de pression pour accélérer son apprentissage provoque souvent du stress.

- Tout apprentissage peut être relié aux intérêts personnels de l'enfant (sport, bricolage, cuisine, jeux de construction, etc.). Il est important de lui faire découvrir ces liens. Lorsqu'il saisit l'utilité de ce qu'il apprend, il accepte plus volontiers de se plier aux règles.

- Il est plus facile d'apprendre, et l'enfant en retire plus de plaisir, si on favorise chez lui l'utilisation de plusieurs sens (regarder, écouter, agir). Les parents doivent découvrir le style cognitif privilégié de leur enfant.

- Il est important de suggérer plusieurs solutions à l'enfant quand il fait face à des difficultés, et il est encore plus profitable de l'aider à trouver ses propres moyens pour relever un défi. On encourage ainsi son autonomie. Le parent doit manifester sa fierté de voir grandir son enfant.

- Peu importe les résultats scolaires de l'enfant, on doit toujours souligner ses efforts et ses forces en les illustrant par des exemples concrets. Il se sent ainsi compris et respecté.

- Si les devoirs et les leçons deviennent des corvées et donnent lieu à des disputes, il faut régler ce problème en consultant l'enseignant, pour éviter que l'enfant ne ressente des frustrations au cours de ces périodes.

- Susciter la créativité du jeune lui procure beaucoup de plaisir et favorise l'initiative. On doit encourager l'expression de ses idées, des associations qu'il fait et valoriser ses trouvailles.

- Favoriser des activités libres et spontanées. L'enfant doit pouvoir jouer, imaginer et rêver pour faire le plein d'énergie.

- Les adultes doivent amener les enfants à choisir librement des exutoires pour libérer leurs tensions et se détendre : écouter de la musique, jouer d'un instrument, faire de la gymnastique, jouer au ballon, bricoler, collectionner les timbres ou les pièces de monnaie, aller à la pêche, etc.

Surtout, il est essentiel que vous lui transmettiez par vos attitudes et vos paroles que vous l'aimez d'abord et avant tout pour ce qu'il est, et non pour son rendement.

Plaidoyer pour les enfants

La tendance à trop valoriser la performance et les résultats à court terme me fait craindre qu'on néglige l'enfance, cette merveilleuse période de la vie parsemée de joies, de créativité, de motivation, d'enthousiasme, de curiosité et de dynamisme spontané et vivifiant. J'ai peur qu'on structure trop le développement et qu'on mette de côté les motivations et les rythmes personnels des jeunes au profit d'objectifs et de programmes qui suivent la logique d'une acquisition de connaissances. Je crains qu'on tue l'enfance avec cette hantise de l'efficacité et de la rentabilité.

Il est dommage que plusieurs intervenants ne se rendent pas compte que l'apprentissage est sous-tendu par la motivation, le désir d'autonomie et le développement des habiletés. Tout cela se déroule selon des rythmes bien personnels. Le plaisir et la motivation ne se mesurent pas. Seuls les résultats peuvent être quantifiés. Les rythmes personnels sont souvent dérangeants ; il arrive qu'ils ne concordent pas avec les échéances des programmes. Les parents et les enseignants sont les mieux placés pour défendre les besoins réels des enfants. Ils ont tout avantage à échanger entre eux pour remettre en question cette obsession de l'efficacité et de la rentabilité.

QUE FAIRE POUR ÉVITER QUE MON ENFANT ABANDONNE L'ÉCOLE ?

▼

Depuis quelques années, le phénomène de l'abandon scolaire donne lieu à un véritable débat social et politique. De plus en plus, on se rend compte que ce problème n'est que la partie visible de l'iceberg ou, si l'on préfère, le symptôme d'un malaise profond qui existe tant chez les jeunes qu'au sein même de notre système d'éducation. Ce mouvement d'abandon massif a des conséquences très lourdes et il signale l'existence d'une crise majeure dans notre société.

Qu'est-ce que l'abandon scolaire ?

Le terme « décrocheur » n'est pas vraiment adéquat. En effet, j'ai connu de nombreux jeunes qui n'ont tout simplement jamais « accroché » au système scolaire, aux matières qu'on leur proposait, aux relations avec les enseignants ou aux valeurs éducatives véhiculées par les parents et l'école en général.

Quoiqu'il en soit de la justesse du terme, le ministère de l'Éducation du Québec définit ainsi le décrocheur : « Tout élève qui était inscrit au secteur des jeunes et ne l'était plus l'année suivante en dépit du fait qu'il n'avait pas obtenu son diplôme d'études secondaires[16], qu'il n'était inscrit dans aucun établissement d'enseignement (ni aux adultes, ni au collégial), qu'il n'était pas déménagé à l'extérieur du Québec et qu'il n'était pas décédé». Cette définition, factuelle et administrative, n'englobe pas certains phénomènes d'abandon. Que l'on pense, par exemple, à l'élève qui quitte l'école au printemps parce qu'il prévoit un échec en fin d'année et qui se réinscrit en septembre; cet élève n'est pas considéré par le ministère comme un décrocheur, même s'il a quitté l'école avant la fin de la période de fréquentation scolaire obligatoire. La définition du ministère n'inclut pas non plus les nombreux élèves qui ne s'intéressent plus aux activités scolaires, mais qui fréquentent l'école régulièrement. Du point de vue psychologique, ces élèves ont réellement abandonné les études même s'ils sont considérés comme des élèves réguliers dans les statistiques. Les intervenants scolaires savent très bien que l'abandon scolaire dépasse largement le cadre de la définition officielle.

L'ampleur du phénomène

Les dernières statistiques relèvent que 35 % des élèves du secondaire abandonnent leurs études avant d'obtenir leur diplôme. Ce phénomène varie selon la langue, les origines ethniques, le sexe et les régions du Québec. Les élèves nés ailleurs dans le monde abandonnent moins que ceux qui sont natifs du Québec ou du Canada. Ceux du secteur anglais abandonnent moins leurs études que ceux du secteur français. Les deux tiers des décrocheurs sont des garçons. On note un plus

---

[16] Le cours primaire (ou le primaire) correspond aux six premières années de scolarité; le cours secondaire (le secondaire), aux cinq années suivantes. Viennent ensuite le collégial et l'université.

fort pourcentage d'abandon scolaire dans les grands centres urbains. Cette situation dramatique n'affecte plus seulement notre système éducatif, mais l'ensemble de la société.

Portrait du décrocheur scolaire

On peut dresser rapidement deux profils généraux de décrocheurs.

Les décrocheurs « actifs » sont ceux qui recherchent ou qui retirent des satisfactions personnelles en dehors de l'école. Ils sont en quête d'un emploi pour obtenir une situation valorisante à leurs yeux. Ce type de décrocheur vit des expériences satisfaisantes en dehors des cadres scolaires.

Les décrocheurs « classiques », les plus nombreux, sont plutôt passifs et ne poursuivent aucun but précis. Ils ont essuyé de nombreux échecs tant au primaire qu'au secondaire. Ils accusent des retards scolaires et leur motivation pour les études est très faible, sinon nulle. Ce sont des jeunes qui sont « brûlés » par une accumulation d'échecs et par des espoirs fréquemment déçus. En bout de ligne, ils sont souvent dépressifs. Leur décision d'abandonner l'école a été longuement mûrie. Elle est précédée d'un décrochage psychologique et d'absentéisme qui sont un prélude à l'abandon. Pour eux, quitter l'école constitue une délivrance.

Pourquoi les jeunes démissionnent-ils ?

Dans les recherches menées pour comprendre ce phénomène et chez les intervenants scolaires qui travaillent avec les jeunes décrocheurs, on est d'accord pour affirmer qu'il y a plusieurs causes à l'abandon scolaire et que chaque décrocheur a sa propre histoire. Néanmoins, à partir de ces recherches, on peut tout de même dégager les causes les plus fréquentes de l'abandon et, en premier lieu, le retard scolaire.

D'après les données du ministère de l'Éducation du Québec, près de 80 % des décrocheurs ont un retard scolaire au moment de leur abandon. Ce retard consiste très souvent en une année scolaire. De plus, précisons-le, dans la moitié des cas ce retard origine du cours primaire. On devine tout de suite qu'il n'est pas facile de commencer le secondaire à 13 ou 14 ans. Cela prédispose les jeunes à vivre d'autres échecs qui les amènent graduellement à abandonner leurs études. L'abandon des études au secondaire est souvent l'aboutissement d'une longue histoire d'échecs.

Les facteurs sociaux et familiaux

Il est normal qu'un enfant adhère en premier lieu aux valeurs véhiculées par sa famille et par son milieu social immédiat. Il existe parfois un manque de continuité et même des divergences profondes entre les valeurs familiales et celles que l'école veut transmettre. Par exemple, certaines familles accordent peu d'importance aux activités intellectuelles et privilégient plutôt les habiletés manuelles et les activités sportives. Il est difficile, pour ces familles, de transmettre à l'enfant le goût de l'étude et de l'inciter à apprendre des matières abstraites.

Il y a un lien entre situation familiale et décrochage. Ainsi, l'abandon est plus élevé chez les jeunes qui vivent dans des milieux défavorisés sur le plan familial et sur le plan socio-économique en général.

J'ai connu des jeunes qui n'étaient pas motivés à terminer leurs études secondaires parce qu'ils vivaient en présence de modèles qui démontraient que la réussite scolaire n'était pas nécessaire pour se débrouiller dans la vie. Je me souviens notamment de Patrick qui, à 14 ans, voulait abandonner ses études pour travailler avec son père, un riche entrepreneur qui n'avait pas terminé son cours primaire.

La motivation scolaire est parfois compromise chez les jeunes dont les parents ont eux-mêmes connu des difficultés d'apprentissage ou qui n'ont pas liquidé leurs griefs à l'endroit de l'école. Les enfants sont facilement influencés par les opinions et les attitudes de leurs parents, même inconscientes, notamment durant les périodes de devoirs et de leçons qui deviennent souvent conflictuelles dans ces circonstances.

Au secondaire, il y a de nombreux jeunes qui sont laissés à eux-mêmes. Des parents cessent brusquement de soutenir leur enfant dans ses apprentissages car ils pensent ainsi favoriser son autonomie. D'autres parents se sentent dépassés par les exigences du cours secondaire. D'autres encore se sentent soulagés de ne plus devoir assumer ce soutien éducatif. Dans certains cas, les parents ont décroché de cette tâche avant que les jeunes ne décrochent de l'école.

Certains élèves mentionnent qu'ils ne se sentent pas à leur place dans le milieu scolaire à cause des grandes différences culturelles et éducatives entre l'école, leur famille et leur groupe social. J'ai connu de ces jeunes qui vivaient en parfaite harmonie avec les valeurs de leur famille et de leur réseau social, mais qui ne s'adaptaient pas à celles de l'école.

L'école et les enseignants

Selon une enquête sur les causes de l'abandon scolaire, les enseignants attribuent au système scolaire lui-même une large part de la responsabilité dans ce domaine : force est de constater que, selon ces enseignants, la majorité des causes du décrochage prennent naissance dans le système scolaire lui-même. Ils estiment que l'école est conçue et organisée par des administrateurs et pour des administrateurs qui cherchent à atteindre un seul objectif: une gestion facile de l'établissement. À cette critique qui origine des enseignants, il faut ajouter les principales causes dont les jeunes eux-mêmes font état.

Ceux-ci mentionnent souvent que les écoles secondaires sont déshumanisantes tant par leur taille que par l'organisation du régime pédagogique. Plusieurs adolescents vivent dans l'anonymat et ne peuvent développer de sentiment d'appartenance à un groupe stable. On sait que ce sentiment correspond à un besoin essentiel chez les jeunes. Or, les groupes se forment et se déforment au gré des horaires et des options et, dans ce contexte, il est difficile de tisser des relations continues avec des camarades.

La qualité de l'apprentissage est souvent déterminée par la qualité de la relation avec l'enseignant. Au secondaire, le jeune ne peut profiter d'un nombre suffisant d'heures avec chaque enseignant pour construire une relation fondée sur la connivence et l'affection. Il lui est difficile de s'identifier à un adulte ou d'en prendre un comme modèle. C'est pourtant un besoin essentiel pour les adolescents, même s'ils contestent les figures d'autorité.

Depuis quelques années, la tâche des enseignants s'est alourdie, les programmes ont été enrichis, les seuils de rendement ont été élevés. Les enseignants sont souvent stressés à l'idée d'avoir à couvrir tout le programme. Cette situation les amène parfois à ne pas être suffisamment à l'écoute des élèves, particulièrement de ceux qui éprouvent des difficultés d'apprentissage. Plusieurs jeunes reprochent aux enseignants de ne pas varier leurs explications, de ne pas tenter de rendre l'enseignement plus attrayant et de ne pas être plus disponibles. Les élèves souhaitent que les enseignants soient plus respectueux à leur égard, plus souriants, dynamiques et enclins à rire.

De nombreux adolescents se découvrent des intérêts et des aptitudes pour des tâches manuelles ou techniques. Malheureusement, ces habiletés sont peu valorisées dans le cours secondaire régulier. Ces élèves se sentent incompris et dévalorisés à l'école. De plus, ils sont obligés de suivre des cours qui leur semblent peu utiles par rapport à leurs ambitions.

Chez certains, la décision d'abandonner les études est une manifestation de la crise de l'adolescence qu'ils vivent intensément. Ils contestent l'école et la famille. Les ressources professionnelles (psychologue, psychoéducateur, conseiller en orientation) qui pourraient les aider à résoudre leurs conflits sont insuffisantes ou font carrément défaut.

Par ailleurs, les exigences scolaires plus grandes pénalisent directement les jeunes en difficultés d'apprentissage. On a procédé également à des coupures budgétaires, les privant de bonnes ressources complémentaires pour leur réussite scolaire. De plus, dans un contexte de valorisation de l'excellence et de culte de l'élitisme, les jeunes en difficultés d'apprentissage ou peu motivés ne trouvent pas leur place.

Ainsi, le retard scolaire engendré par les difficultés d'apprentissage et la démotivation, le manque de soutien de l'élève tant sur le plan familial qu'à l'école, ainsi que certains aspects du système d'enseignement au secondaire m'apparaissent comme les causes principales de l'abandon scolaire.

Les conséquences de l'abandon scolaire

On prend de plus en plus conscience des nombreuses conséquences négatives qui découlent de l'abandon scolaire.

• La majorité des décrocheurs vivent leur abandon scolaire comme un échec personnel. Cette blessure à leur amour propre, ils cherchent parfois à la nier ou à la camoufler. Leurs espoirs en la vie sont souvent limités.

• Des études démontrent que le pourcentage de délinquance est plus élevé chez les décrocheurs et que ces derniers consomment plus de drogues. Les suicides sont aussi plus fréquents.

• L'augmentation du taux d'abandon scolaire fragilise le sentiment de compétence des enseignants. Depuis quelques années, c'est avec tristesse que je constate chez eux une forme de dépression collective. Il y a lieu de se demander si certains d'entre eux n'ont pas « décroché » de leur vocation ou si l'enseignement n'est pas devenu un « boulevard des espoirs déçus ».

• Pour la société en général, l'abandon scolaire entraîne une diminution de la productivité. Des études démontrent que le manque d'emplois chez les jeunes de 15 à 20 ans (conséquence d'une « sous-scolarisation ») les conduit à l'inactivité et à l'aide sociale. Chose certaine, le taux de chômage chez les jeunes qui ont terminé le cours secondaire est bien inférieur à celui qui existe chez les adolescents qui ont abandonné.

• La majorité des jeunes décrocheurs doivent se contenter d'emplois subalternes qui sont souvent précaires et mal payés.

Des attitudes et des moyens pour prévenir l'abandon scolaire

Il faut nous interroger, à titre de parents ou d'intervenants scolaires, sur les attitudes à adopter et sur les moyens à utiliser pour prévenir l'abandon scolaire, et pour que se résorbe la crise qui secoue notre système d'éducation. C'est en me basant sur ma connaissance des besoins des enfants et sur mon expérience que je fais aux parents — et aux adultes en général — certaines propositions dont l'essentiel devrait être contenu dans un nouveau contrat éducatif. Ces recommandations résument ma conception actuelle de l'éducation scolaire. Elles se veulent une synthèse de valeurs, d'attitudes et de stratégies qui permettraient de garantir une éducation de qualité, tant à la maison qu'à l'école, et de viser le meilleur développement possible pour nos enfants, ces adultes de demain.

Voici ces propositions :

- S'interroger sur les valeurs à transmettre et sur l'exemple à donner. Il est difficile d'inciter un enfant à lire ou à écrire quand on n'attache pas d'importance à ces activités ou quand on ne les pratique pas.

- Évaluer ses propres motivations par rapport à un domaine ou à une matière scolaire dans laquelle l'enfant manifeste peu d'intérêt. La motivation a un caractère contagieux et il est souhaitable d'améliorer la sienne avant de penser à la transmettre à ses enfants.

- Stimuler la curiosité intellectuelle des enfants en échangeant avec eux sur divers sujets.

- Soutenir continuellement les enfants dans leur parcours scolaire, même durant leur cours secondaire.

- Reconnaître et souligner régulièrement leurs talents et leurs qualités, que ce soit à l'école, à la maison ou ailleurs.

- Éviter, au sujet de leur apprentissage à l'école, de porter des jugements de valeur ou de prononcer des mots qui peuvent blesser leur fierté.

- Les encourager régulièrement dans les efforts qu'ils fournissent.

- Les amener à anticiper le plaisir qu'ils retireront des activités qu'on leur propose et, en conséquence, s'assurer que le contenu de ces activités est stimulant.

- Apaiser la période des devoirs et des leçons lorsque celle-ci risque de se transformer en bataille rangée.

- Amener les enfants à voir l'utilité concrète, dans leur vie actuelle et future, des activités scolaires proposées.

- Les aider à faire des liens entre ce qu'ils ont déjà appris et ce qu'ils s'apprêtent à apprendre.

- Les encourager à attacher plus d'importance au processus d'apprentissage qu'aux résultats scolaires.

- Éviter le plus possible de leur faire vivre le stress de la performance.

- Les amener à se comparer à eux-mêmes plutôt qu'aux autres.

- Leur accorder le droit à l'erreur.

- Respecter le rythme d'apprentissage de chacun. Éviter de brusquer un enfant. Le stimuler adéquatement (cette attitude n'est pas très répandue dans nos écoles).

- Faire comprendre aux enfants que l'intelligence est une chose et que les résultats scolaires en sont une autre.

- Aider chaque enfant à « apprendre à apprendre », c'est-à-dire à acquérir une méthode personnelle de travail conforme à son style cognitif.

- Amener les enfants à voir de façon réaliste les exigences des travaux scolaires en les aidant à les planifier par une méthode personnelle de travail.

- Les aider à s'affirmer en faisant des choix et à assumer les conséquences qui en découlent. Cela leur permet de développer le sens des responsabilités.

- Les amener à comprendre que leurs résultats scolaires découlent de leurs attitudes et des stratégies qu'ils utilisent, et que celles-ci sont en leur pouvoir.

- Aider les enfants à auto-évaluer leurs attitudes et leurs stratégies et, s'il le faut, à les autocorriger à la suite d'une activité d'apprentissage.

- Favoriser leur capacité de synthèse en leur faisant découvrir des liens entre les divers apprentissages scolaires.

- Implanter l'intégration des matières pour que les enfants fassent plus facilement les liens. Il n'y a pas une intelligence pour le français et une autre pour les mathématiques.

- Alléger les programmes scolaires en éliminant certains objectifs secondaires.

- Rendre l'enseignement plus attrayant et faire en sorte qu'il sollicite la participation active des enfants.

- Valoriser davantage les professions manuelles et techniques. Il faut réduire les exigences pour accéder à ces professions.

- Augmenter les ressources professionnelles (en orthopédagogie, en orthophonie, en psychoéducation, en psychologie, etc.) pour dépister de façon précoce les difficultés persistantes des enfants et pour y apporter rapidement des correctifs.

- Éviter le plus possible les reprises d'année car, dans la majorité des cas, il ne s'agit pas d'une mesure susceptible de motiver de nouveau les enfants et de diminuer leurs difficultés d'apprentissage.

- Humaniser l'école pour qu'elle devienne un vrai milieu de vie qui favorise chez les enfants un sentiment d'appartenance.

- Favoriser le plus possible l'enseignement coopératif (travail en équipe).
- Favoriser, dans les classes, la mise sur pied de conseils de coopération afin que les enfants apprennent à gérer le fonctionnement de leurs classes ainsi que les projets qu'ils mettent sur pied.
- Demander aux intervenants scolaires qu'ils établissent des liens plus réguliers avec les parents.
- Voir à ce que les enseignants et les parents aient l'occasion de développer entre eux des relations harmonieuses.
- Faire participer davantage les parents et les enfants à l'élaboration et à l'application des plans d'intervention personnalisés lorsque les enfants connaissent des difficultés persistantes.
- Permettre aux enseignants de tout mettre en œuvre pour qu'ils vivent des relations harmonieuses avec les enfants qui leur sont confiés. Tout apprentissage est une affaire de cœur !
- Réduire le stress chez les enseignants afin qu'ils puissent mieux répondre aux besoins des enfants.
- Diminuer le nombre d'évaluations sommatives parce qu'elles génèrent trop de stress et parce qu'elles prennent trop souvent la place des activités d'apprentissage.
- Accorder plus d'autonomie aux enseignants dans leurs actes professionnels et dans la gestion du temps de classe.
- Favoriser une plus grande reconnaissance professionnelle des enseignants en soulignant leurs compétences et en revalorisant leur profession.

Le phénomène de l'abandon scolaire doit être perçu comme un cri d'alarme de notre jeunesse. Il révèle des problèmes profonds dans notre système éducatif et social. C'est un message de détresse qui nous force, nous adultes, à nous interroger sur les besoins fondamentaux des jeunes et sur l'aide qu'on doit apporter aux enseignants pour qu'ils mettent en pratique leurs compétences éducatives. C'est aussi un appel à l'aide qui s'adresse à chaque parent, l'invitant à s'engager davantage et à vraiment guider son enfant dans sa vie scolaire.

Ressources
▼

Livres pour les parents

ANTIER, Edwige. *Vive l'éducation ! : ce qui doit changer pour que nos enfants retrouvent le goût d'apprendre.* Paris : J'ai lu, 2005. 333 p. (Vie familiale)

ANTIER, Edwige. *J'aide mon enfant à se concentrer : une méthode pour favoriser sa réussite.* Paris : J'ai lu, 2002. 244 p. (Vie familiale)

AUBERT, Jean-Luc. *Intelligent mais peut mieux faire.* Paris : Albin Michel, 1999. 169 p. (Questions de parents)

BÉLIVEAU, Marie-Claude. *Au retour de l'école...la place des parents dans l'apprentissage scolaire.* Montréal : Éditions de l'Hôpital Sainte-Justine, 2004. 268 p. (Collection de l'Hôpital Sainte-Justine pour les parents)

BÉLIVEAU, Marie-Claude. *J'ai mal à l'école : troubles affectifs et difficultés scolaires.* Montréal : Éditions de l'Hôpital Sainte-Justine, 2002. 168 p. (Collection de l'Hôpital Sainte-Justine pour les parents)

BOURQUE, Jean et Robert DARCHE. *Comment favoriser la réussite scolaire de mon ado.* Laval : Services Éducatifs sur la Réussite Scolaire (S.E.R.S.), 2005. 22 p. (Cahiers de stratégies à l'intention des parents). (Pour obtenir ce document téléphonez au S.E.R.S. au 450-966-1651.)

BOURQUE, Jean et Robert DARCHE. *La concentration : outil indispensable à la réussite scolaire.* Laval : Services Éducatifs sur la Réussite Scolaire (S.E.R.S.), 2000. 34 p. (Cahiers de stratégies à l'intention des parents). (Pour obtenir ce document téléphonez au S.E.R.S. au 450-966-1651.)

CHAUVEAU, Gérard et Carine MAYO. *Il a du mal à apprendre à lire : comment l'aider*. Paris : Albin Michel, 2004. 136 p. (C'est la vie aussi)

CHEVALIER, Brigitte. *Il a du mal à l'école : un peu, beaucoup, trop…comment l'aider ?* Paris : Albin Michel, 2003. 198 p. (Questions de parents)

DARVEAU, Paul. *La motivation des enfants : le rôle des parents.* Saint-Laurent (Québec) : ERPI, 1997. 132 p. (L'école en mouvement)

DE LA GARANDERIE, Antoine. *Réussir, ça s'apprend : un guide pour tous les parents*. Paris : Bayard, 1999. 198 p.

DESTREMPES-MARQUEZ, Denise et Louise LAFLEUR. *Les troubles d'apprentissage : comprendre et intervenir*. Montréal : Éditions de l'Hôpital Sainte-Justine, 1999. 126 p. (Parents)

EMMETT, Rita. *Ces enfants qui remettent tout à demain*. Montréal : Éditions de l'Homme, 2002. 214 p. (Parents aujourd'hui)

GARDNER, Howard. *Les intelligences multiples : pour changer l'école : la prise en compte des différentes formes d'intelligence.* Paris : Retz, 1996. 236 p. (Psychologie)

GILLIG, Jean-Marie. *L'enfant et l'école en quarante questions.* Paris : Dunod, 1999. 191 p. (Enfances)

LAVIGUEUR, Suzanne. *Ces parents à bout de souffle*. Outremont : Quebecor, 2006. 420 p. (Psychologie)

LEVINE, Mel. *À chacun sa façon d'apprendre*. Varennes (Québec) : AdA, 2003. 509 p.

PLEUX, Didier. *Peut mieux faire : remotiver son enfant à l'école.* Paris : Odile Jacob, 2001. 221 p. (Guide pour s'aider soi-même)

PROT, Brigitte. *J'suis pas motivé, je fais pas exprès*. Paris : Albin Michel, 2003. 217 p. (Questions de parents)

SAUVÉ, Colette. *Apprivoiser l'hyperactivité et le déficit de l'attention.* Montréal : Éditions de l'Hôpital Sainte-Justine, 2000. 88 p. (Parents)

VALET, Gilles-Marie et Anne LANCHON. *Moi, j'aime pas trop l'école : le comprendre, l'aider.* Paris : Albin Michel, 2005. 136 p. (C'est la vie aussi)

Livres pour les enfants

BOUKOBZKA, Claude. *À quoi ça sert l'école ?* Paris : Éditions Louis Audibert, 2002. 45 p. (Brins de psycho)
8 ans +

Des réponses aux questions que les enfants se posent sur l'école pour les aider à mieux comprendre son utilité. La collection « Brins de psycho » s'adresse aux 8-13 ans et à leurs parents pour les aider à affronter certaines situations et à répondre à des questions délicates.

GERVAIS, Jean. *L'ami de Dominique n'aime pas l'école.* Montréal : Boréal, 1989. 43 p. (Dominique)
8 ans +

François déteste l'école, les devoirs, les récréations, les notes et les bulletins, la compétition, la performance. Ses professeurs et ses parents, d'un commun accord, décident de l'aider. À la fin, une page destinée aux parents et aux professeurs propose des solutions.

RUBIO, Vanessa. *Pourquoi je vais à l'école ? Obligation scolaire.* Paris : Autrement Jeunesse, 2002. 47 p. (Autrement junior)
8 ans+

Ce livre apporte des réponses aux enfants qui se demandent pourquoi l'école, pourquoi y passer autant de temps, à quoi ça sert, pourquoi les punitions, les notes, les professeurs exigeants ? Des histoires, des anecdotes et des textes informatifs pour aider les enfants à comprendre la nécessité de l'école et augmenter ainsi leur motivation.

LONGHI, Gilbert et Ariane MORRIS. *Pas envie d'aller à l'école.* Paris : De la Martinière, 2004. 109 p. (Oxygène)

11 ans+

« Depuis quelque temps, le matin, vous ressentez comme un malaise à l'idée de partir au collège. Pourtant, vous n'êtes pas particulièrement mauvais élève. Alors, que se passe-t-il ? Peur des profs ? Du regard des autres ? Difficulté passagère à supporter la pression scolaire ? Quoi qu'il en soit, il est temps que vous réagissiez ! Pour essayer de comprendre bien sûr, mais aussi pour trouver des solutions qui vous aideront, sinon à aimer l'école (il ne faut pas rêver !), au moins à ne plus la subir. »

Sites Internet pour les parents

La discipline... utile, mais pas toujours facile
Fédération des comités de parents du Québec
www.fcpq.qc.ca/docs/bteOutils_fr.pdf

Mon enfant a un problème à l'école : à qui m'adresser et comment m'y prendre
Fédération des comités de parents du Québec
www.fcpq.qc.ca/docs/RAPmai-juin-BO.pdf

Petitmonde / Parents / Éducation
www.petitmonde.com/sections/Education.asp

Site de l'adaptation scolaire et sociale de langue française
www.adaptationscolaire.org

La Collection du CHU Sainte-Justine
pour les parents

Ados : mode d'emploi
Michel Delagrave

Devant le désir croissant d'indépendance de l'adolescent et face à ses choix, les parents développent facilement un sentiment d'impuissance. Dans un style simple et direct, l'auteur leur donne diverses pistes de réflexion et d'action.

ISBN 2-89619-016-3   2005/176 p.

Aide-moi à te parler !
La communication parent-enfant
Gilles Julien

L'importance de la communication parent-enfant, ses impacts, sa force, sa nécessité. Des histoires vécues sur la responsabilité fondamentale de l'adulte : l'écoute, le respect et l'amour des enfants.

ISBN 2-922770-96-6   2004/144 p.

Aider à prévenir le suicide chez les jeunes
Un livre pour les parents
Michèle Lambin

Reconnaître les indices symptomatiques, comprendre ce qui se passe et contribuer efficacement à la prévention du suicide chez les jeunes.

ISBN 2-922770-71-0   2004/272 p.

L'allaitement maternel
(2e édition)
Comité pour la promotion de l'allaitement maternel
de l'Hôpital Sainte-Justine

Le lait maternel est le meilleur aliment pour le bébé. Tous les conseils pratiques pour faire de l'allaitement une expérience réussie !

ISBN 2-922770-57-5   2002/104 p.

Apprivoiser l'hyperactivité et le déficit de l'attention
Colette Sauvé

Une gamme de moyens d'action dynamiques pour aider l'enfant hyperactif à s'épanouir dans sa famille et à l'école.

ISBN 2-921858-86-X   2000/96 p.

L'asthme chez l'enfant
Pour une prise en charge efficace
Sous la direction de Denis Bérubé, Sylvie Laporte et Robert L. Thivierge
Un guide pour mieux comprendre l'asthme, pour mieux prévenir cette condition et pour bien prendre soin de l'enfant asthmatique.
ISBN 2-89619-057-0   2006/168 p.

Au-delà de la déficience physique ou intellectuelle
Un enfant à découvrir
Francine Ferland
Comment ne pas laisser la déficience prendre toute la place dans la vie familiale ? Comment favoriser le développement de cet enfant et découvrir le plaisir avec lui ?
ISBN 2-922770-09-5   2001/232 p.

Au fil des jours... après l'accouchement
L'équipe de périnatalité de l'Hôpital Sainte-Justine
Un guide précieux pour répondre aux questions pratiques de la nouvelle accouchée et de sa famille durant les premiers mois suivant l'arrivée de bébé.
ISBN 2-922770-18-4   2001/96 p.

Au retour de l'école...
La place des parents dans l'apprentissage scolaire
(2ᵉ édition)
Marie-Claude Béliveau
Une panoplie de moyens pour aider l'enfant à développer des stratégies d'apprentissage efficaces et à entretenir sa motivation.
ISBN 2-922770-80-X   2004/280 p.

Comprendre et guider le jeune enfant
À la maison, à la garderie
Sylvie Bourcier
Des chroniques pleines de sensibilité sur les hauts et les bas des premiers pas du petit vers le monde extérieur.
ISBN 2-922770-85-0   2004/168 p.

De la tétée à la cuillère
Bien nourrir mon enfant de 0 à 1 an

Linda Benabdesselam et autres

Tous les grands principes qui doivent guider l'alimentation du bébé, présentés par une équipe de diététistes expérimentées.

ISBN 2-922770-86-9   2004/144 p.

Le développement de l'enfant au quotidien
Du berceau à l'école primaire

Francine Ferland

Un guide précieux cernant toutes les sphères du développement de l'enfant : motricité, langage, perception, cognition, aspects affectifs et sociaux, routines quotidiennes, etc.

ISBN 2-89619-002-3   2004/248 p.

Le diabète chez l'enfant et l'adolescent

Louis Geoffroy, Monique Gonthier et les autres membres de l'équipe
de la Clinique du diabète de l'Hôpital Sainte-Justine

Un ouvrage qui fait la somme des connaissances sur le diabète de type 1, autant du point de vue du traitement médical que du point de vue psychosocial.

ISBN 2-922770-47-8   2003/368 p.

Drogues et adolescence
Réponses aux questions des parents

Étienne Gaudet

Sous forme de questions-réponses, connaître les différentes drogues et les indices de consommation, et avoir des pistes pour intervenir.

ISBN 2-922770-45-1   2002/128 p.

En forme après bébé
Exercices et conseils

Chantale Dumoulin

Des exercices et des conseils judicieux pour aider la nouvelle maman à renforcer ses muscles et à retrouver une bonne posture.

ISBN 2-921858-79-7   2000/128 p.

En forme en attendant bébé · Exercices et conseils
Chantale Dumoulin
Des exercices et des conseils pratiques pour garder votre forme pendant la grossesse et pour vous préparer à la période postnatale.
ISBN 2-921858-97-5   2001/112 p.

Enfances blessées, sociétés appauvries
Drames d'enfants aux conséquences sérieuses
Gilles Julien
Un regard sur la société qui permet que l'on néglige les enfants. Un propos illustré par l'histoire du cheminement difficile de plusieurs jeunes.
ISBN 2-89619-036-8   2005/256 p.

L'enfant adopté dans le monde (en quinze chapitres et demi)
Jean-François Chicoine, Patricia Germain et Johanne Lemieux
Un ouvrage complet traitant des multiples aspects de ce vaste sujet : l'abandon, le processus d'adoption, les particularités ethniques, le bilan de santé, les troubles de développement, l'adaptation, l'identité...
ISBN 2-922770-56-7   2003/480 p.

L'enfant malade · Répercussions et espoirs
Johanne Boivin, Sylvain Palardy et Geneviève Tellier
Des témoignages et des pistes de réflexion pour mettre du baume sur cette cicatrice intérieure laissée en nous par la maladie de l'enfant.
ISBN 2-921858-96-7   2000/96 p.

L'estime de soi des adolescents
Germain Duclos, Danielle Laporte et Jacques Ross
Comment faire vivre un sentiment de confiance à son adolescent ? Comment l'aider à se connaître ? Comment le guider dans la découverte de stratégies menant au succès ?
ISBN 2-922770-42-7   2002/96 p.

L'estime de soi des 6-12 ans
Danielle Laporte et Lise Sévigny
Une démarche simple pour apprendre à connaître son enfant et reconnaître ses forces et ses qualités, l'aider à s'intégrer et lui faire vivre des succès.
ISBN 2-922770-44-3   2002/112 p.

L'estime de soi, un passeport pour la vie (2e édition)

Germain Duclos

Pour développer des attitudes éducatives positives qui aideront l'enfant à acquérir une meilleure connaissance de sa valeur personnelle.

ISBN 2-922770-87-7   2004/248 p.

Et si on jouait ?
Le jeu durant l'enfance et pour toute la vie
(2e édition)

Francine Ferland

Les différents aspects du jeu présentés aux parents et aux intervenants : information détaillée, nombreuses suggestions de matériel et d'activités.

ISBN 2-89619-035-X   2005/212 p.

Être parent, une affaire de coeur
(2e édition)

Danielle Laporte

Des textes pleins de sensibilité, qui invitent chaque parent à découvrir son enfant et à le soutenir dans son développement. Une série de portraits saisissants : l'enfant timide, agressif, solitaire, fugueur, déprimé, etc.

ISBN 2-89619-021-X   2005/280 p.

Famille, qu'apportes-tu à l'enfant ?

Michel Lemay

Une réflexion approfondie sur les fonctions de chaque protagoniste de la famille, père, mère, enfant... et les différentes situations familiales.

ISBN 2-922770-11-7   2001/216 p.

La famille recomposée
Une famille composée sur un air différent

Marie-Christine Saint-Jacques et Claudine Parent

Comment vivre ce grand défi ? Le point de vue des adultes (parents, beaux-parents, conjoints) et des enfants impliqués dans cette nouvelle union.

ISBN 2-922770-33-8   2002/144 p.

Favoriser l'estime de soi des 0-6 ans

Danielle Laporte

Comment amener le tout-petit à se sentir en sécurité ? Comment l'aider à développer son identité ? Comment le guider pour qu'il connaisse des réussites ?

ISBN 2-922770-43-5   2002/112 p.

Le grand monde des petits de 0 à 5 ans

Sylvie Bourcier

Ce livre nous présente la conception du monde que se font les enfants de 0 à 5 ans. Il constitue une description imagée et vivante de leur développement.

ISBN 2-89619-063-5   2006/168 p.

Grands-parents aujourd'hui · Plaisirs et pièges

Francine Ferland

Les caractéristiques des grands-parents du 21e siècle, leur influence, les pièges qui les guettent, les moyens de les éviter, mais surtout les occasions de plaisirs qu'ils peuvent multiplier avec leurs petits-enfants.

ISBN 2-922770-60-5   2003/152 p.

Guider mon enfant dans sa vie scolaire

2ᵉ édition

Germain Duclos

Des réponses aux questions les plus importantes et les plus fréquentes que les parents posent à propos de la vie scolaire de leur enfant.

ISBN 2-89619-062-7   2006/280 p.

L'hydrocéphalie : grandir et vivre avec une dérivation

Nathalie Boëls

Pour mieux comprendre l'hydrocéphalie et favoriser le développement de l'enfant hydrocéphale vivant avec une dérivation.

ISBN 2-89619-051-1   2006/112 p.

J'ai mal à l'école · Troubles affectifs et difficultés scolaires

Marie-Claude Béliveau

Cet ouvrage illustre des problématiques scolaires liées à l'affectivité de l'enfant. Il propose aux parents des pistes pour aider leur enfant à mieux vivre l'école.

ISBN 2-922770-46-X   2002/168 p.

Jouer à bien manger · Nourrir mon enfant de 1 à 2 ans

Danielle Regimbald, Linda Benabdesselam, Stéphanie Benoît et Micheline Poliquin

Principes généraux et conseils pratiques pour bien nourrir son enfant de 1 à 2 ans.

ISBN 2-89619-054-6   2006/160 p.

Les maladies neuromusculaires chez l'enfant et l'adolescent

Sous la direction de Michel Vanasse, Hélène Paré, Yves Brousseau et Sylvie D'Arcy

Les informations médicales de pointe et les différentes approches de réadaptation propres à chacune des maladies neuromusculaires.

ISBN 2-922770-88-5   2004/376 p.

Musique, musicothérapie et développement de l'enfant

Guylaine Vaillancourt

La musique en tant que formatrice dans le développement global de l'enfant et la musique en tant que thérapie, qui rejoint l'enfant quel que soit son âge, sa condition physique et intellectuelle ou son héritage culturel.

ISBN 2-89619-031-7   2005/184 p.

Le nouveau Guide Info-Parents
Livres, organismes d'aide, sites Internet

Michèle Gagnon, Louise Jolin et Louis-Luc Lecompte

Voici, en un seul volume, une nouvelle édition revue et augmentée des trois Guides Info-Parents : 200 sujets annotés.

ISBN 2-922770-70-2   2003/464 p.

Parents d'ados
De la tolérance nécessaire à la nécessité d'intervenir

Céline Boisvert

Pour aider les parents à départager le comportement normal du pathologique et les orienter vers les meilleures stratégies.

ISBN 2-922770-69-9   2003/216 p.

Les parents se séparent...
Pour mieux vivre la crise et aider son enfant
Richard Cloutier, Lorraine Filion et Harry Timmermans

Pour aider les parents en voie de rupture ou déjà séparés à garder espoir et mettre le cap sur la recherche de solutions.

ISBN 2-922770-12-5   2001/164 p.

Pour parents débordés et en manque d'énergie
Francine Ferland

Les parents sont souvent débordés. Comment concilier le travail, l'éducation des enfants, la vie familiale, sociale et personnelle ?

ISBN 2-89619-051-1   2006/136 p.

Responsabiliser son enfant
Germain Duclos et Martin Duclos

Apprendre à l'enfant à devenir responsable, voilà une responsabilité de tout premier plan. De là l'importance pour les parents d'opter pour une discipline incitative.

ISBN 2-89619-00-3   2005/200 p.

Santé mentale et psychiatrie pour enfants
Des professionnels se présentent
Bernadette Côté et autres

Pour mieux comprendre ce que font les différents professionnels qui travaillent dans le domaine de la santé mentale et de la pédopsychiatrie : leurs rôles spécifiques, leurs modes d'évaluation et d'intervention, leurs approches, etc.

ISBN 2-89619-022-8   2005/128 p.

La scoliose
Se préparer à la chirurgie
Julie Joncas et collaborateurs

Dans un style simple et clair, voici réunis tous les renseignements utiles sur la scoliose et les différentes étapes de la chirurgie correctrice.

ISBN 2-921858-85-1   2000/96 p.

Le séjour de mon enfant à l'hôpital

Isabelle Amyot, Anne-Claude Bernard-Bonnin, Isabelle Papineau

Comment faire de l'hospitalisation de l'enfant une expérience positive et familiariser les parents avec les différences facettes que comporte cette expérience.

ISBN 2-922770-84-2   2004/120 p.

Tempête dans la famille
Les enfants et la violence conjugale

Isabelle Côté, Louis-François Dallaire et Jean-François Vézina

Comment reconnaître une situation où un enfant vit dans un contexte de violence conjugale ? De quelle manière l'enfant qui y est exposé réagit-il ? Quelles ressources peuvent venir en aide à cet enfant et à sa famille ?

ISBN 2-89619-008-2   2004/144 p.

Les troubles anxieux expliqués aux parents

Chantal Baron

Quelles sont les causes de ces maladies et que faire pour aider ceux qui en souffrent ? Comment les déceler et réagir le plus tôt possible ?

ISBN 2-922770-25-7   2001/88 p.

Les troubles d'apprentissage : comprendre et intervenir

Denise Destrempes-Marquez et Louise Lafleur

Un guide qui fournira aux parents des moyens concrets et réalistes pour mieux jouer leur rôle auprès de l'enfant ayant des difficultés d'apprentissage.

ISBN 2-921858-66-5   1999/128 p.

Votre enfant et les médicaments : informations et conseils

Catherine Dehaut, Annie Lavoie, Denis Lebel, Hélène Roy et Roxane Therrien

Un guide précieux pour informer et conseiller les parents sur l'utilisation et l'administration des médicaments. En plus, cent fiches d'information sur les médicaments les plus utilisés.

ISBN 2-89619-017-1   2005/336 p.